Photo de couverture : hêtraie, forêt domaniale d'Eu, Seine-Maritime (ONF, C. Pichard)
Photo ci-contre : sentier du Louron, forêt communale de Bareilles, Hautes-Pyrénées (P. Harlé)

Une Forêt Pour Les Hommes

—— 1966 - 1996 ——

30 ANS DE PASSION

Qui, frôlant l'écorce d'un vieil arbre, n'a jamais fait en imagination un voyage dans le temps ? Qui, à cet instant, ne s'est senti comme relié par l'arbre séculaire aux générations passées ? Qui, à ce moment, n'a songé aux hommes et aux femmes qui, avant nous, se sont succédé sous sa ramure ? L'arbre bienveillant aux hommes mais l'arbre hors du temps humain.

Voilà bien ce qui fait toute la noblesse du métier de forestier. Voilà aussi en quoi la forêt incarne la grandeur et l'humilité du métier politique. Voilà en quoi nos missions et nos efforts se rejoignent.

Penser la forêt, son implantation, son organisation, sa gestion, sa protection aussi quand l'activité des hommes tend désormais à la menacer, c'est voir loin, très loin. C'est penser la nation française, ses besoins, ses ressources, sa survie, par-delà les décennies ou les siècles. Veiller sur le terrain, avec prudence, ténacité, amour, à l'entretien de nos forêts, à leur saine exploitation, aux grands équilibres dont elles sont issues, c'est travailler pour un avenir lointain, c'est transmettre un héritage aux enfants de nos enfants. C'est travailler aussi dans l'idée que cette politique, que ces efforts, on n'en verra sans doute pas soi-même les fruits.

Nos chênes de la forêt de Tronçais, c'est en pensant aux besoins de notre temps qu'il y a trois siècles, Colbert les faisait planter. Ce n'est pas un hasard si nos grands bâtisseurs d'État sont souvent, dans l'Histoire, les artisans d'une grande politique française de la forêt. Une politique volontaire et ambitieuse.

Avec Philippe le Bel, apparaissent les premiers Maîtres des Forêts. Il y a tout juste 650 ans, Philippe VI de Valois fixait, par son ordonnance de Brunoy, la première réglementation forestière d'ensemble et définissait — par quelle prescience ! — le concept de gestion durable. François Ier publiera trois importantes ordonnances traitant «du faict des Eaux et Forêts» et ceci, «pour le commun profit du royaume».

Mais c'est en 1669 que la politique de la forêt prend en France une dimension nouvelle. Par son ordonnance désormais célèbre, Colbert dotait les forêts du domaine royal d'une législation générale, et le royaume tout entier, d'un réglement de police générale s'appliquant à l'économie forestière dans son ensemble. Beaucoup de ses éléments subsistent encore aujourd'hui après que, passés les soubresauts de la Révolution et de l'Empire, le Code forestier de 1827 s'en fut largement inspiré.

Napoléon III reboise les Landes. Avec la restauration des terrains en montagne, il initie la première grande politique de prévention des risques naturels. Enfin, il y a trente ans et s'inscrivant dans cet effort séculaire, naissait l'Office National des Forêts. Le Général de Gaulle entendait ainsi doter notre pays d'un outil moderne, pourvu des moyens nécessaires au développement et à la mise en valeur de nos forêts publiques.

Depuis, que de chemin parcouru. Trente années seulement ont passé qui furent trente années de labeur et d'investissement. Et déjà, l'amélioration et la richesse de nos forêts publiques, qu'elles appartiennent à l'État, aux collectivités locales ou à d'autres organismes publics, témoignent de la justesse et de la grandeur de cette vision, en même temps que du dévouement de ceux qui s'y consacrent.

En ce trentième anniversaire de l'Office National des Forêts, les forestiers doivent savoir combien le Président de la République, en charge des intérêts à long terme de notre nation, se sent proche d'eux et de tous ceux qui, avant eux, avec passion et générosité, ont protégé, entretenu, reconstitué, enrichi notre patrimoine forestier public, «pour le commun profit» de tous les Français.

Jacques CHIRAC
Président de la République

L'Office National des Forêts gère 12,5 millions d'hectares d'espaces naturels, dont 8 millions d'hectares dans les départements d'outre-mer. Ces espaces, qu'ils soient boisés ou non, représentent donc une grande partie de nos richesses naturelles et de notre biodiversité.

Appartenant à l'État ou aux collectivités publiques, ces territoires bénéficient en outre pleinement de la pérennité de cette affectation et de la continuité qu'elle permet dans leur gestion.

L'Office National des Forêts se situe ainsi au cœur des politiques de gestion durable des milieux naturels, en étroite liaison avec le ministère de l'Environnement et avec toutes les structures de recherche, de formation ou de gestion compétentes en matière d'espaces naturels.

Il joue donc un rôle pilote en matière d'acquisition de connaissances, de développement des savoir-faire et d'illustration par l'exemple de ce que l'on peut appeler l'excellence environnementale. Ce rôle est appelé à se développer dans l'avenir.

Par son souci d'intégrer dans sa gestion quotidienne la protection des milieux naturels, par la création de réserves biologiques intégrales ou dirigées dont il prend l'initiative, par sa participation de plus en plus fréquente aux études, aux recherches et aux réflexions en cours dans ces domaines, il apporte une contribution marquante à la politique de l'environnement.

Je souhaite que cette évolution, empreinte de dynamisme, se poursuive à un rythme soutenu, dans la fidélité à l'histoire désormais trentenaire de l'Office.

Corinne LEPAGE
Ministre de l'Environnement

La forêt apporte à l'homme de multiples bénéfices. Elle constitue un environnement naturel exceptionnel, enrichi et transmis de génération en génération, et elle est la source d'un matériau écologique et renouvelable, le bois, dont les utilisations multiples constituent une activité économique majeure employant plus d'un demi-million de personnes. Enfin, dans une société de plus en plus urbaine, elle assure l'accueil d'un public à la recherche de nature, de sport ou de détente.

La politique forestière française se fonde sur une gestion intégrée et équilibrée de ces trois grandes fonctions : écologique, économique et sociale. Bien sûr, leur importance respective pourra être différente dans chaque forêt, mais dans tous les cas les choix doivent être faits pour assurer la pérennité de nos forêts et leur permettre de jouer pleinement leur rôle au sein des politiques de développement rural et d'aménagement du territoire.

Dans chacun de ces trois grands domaines, l'Office National des Forêts, gestionnaire des forêts publiques, a une obligation d'excellence, qu'il s'agisse de la connaissance et de la préservation d'écosystèmes complexes, de la production de bois d'œuvre de qualité dont les industries de transformation ont besoin, ou de l'accueil et de l'information du public.

A cet égard, il faut souligner le rôle essentiel de ses personnels, largement présents sur tout le territoire, proches des collectivités locales et insérés dans le milieu rural dont ils ont vocation à favoriser le développement.

Enfin, la politique forestière française doit être présentée et expliquée dans les instances internationales. D'une part elle répond à des enjeux économiques importants qui font l'objet d'une concurrence internationale sévère, d'autre part elle peut constituer une référence pour de nombreux pays soucieux d'une gestion durable de leurs ressources. Je souhaite que l'Office National des Forêts participe pleinement aux efforts gouvernementaux de défense et d'illustration de cette politique.

Philippe VASSEUR
Ministre de l'Agriculture,
de la Pêche et de l'Alimentation

Sommaire

Compter avec le temps — page 9

L'aménagement forestier, instrument fondamental de la gestion durable	page 10
Sylvicultures en mouvement	page 14
Bonnes graines, bons plants	page 18
Le temps des saisons	page 22
Gros temps sur la forêt	page 26
La longue chaîne des forestiers	page 30

Territoires et paysages — page 37

Portraits de forêts	page 38
Des milieux vivants	page 42
Forêt des villes, forêt des champs	page 46
De la montagne à la mer	page 52

Ensemble — page 59

Les communes forestières	page 60
Un esprit d'ouverture	page 64
À l'amont de la filière forêt-bois	page 68
La recherche	page 72
Au service des forêts du monde	page 76
Le forestier et les enfants	page 80
Au service de tous	page 84

Avant-propos

Trente ans

Trente ans. Une courte période à l'échelle de la forêt. Le dixième du temps du plein épanouissement d'un chêne. Trente ans, et déjà pour l'Office National des Forêts, l'âge de la maturité.

Avec ce livre, nous avons voulu que notre revue, Arborescences, *dresse un bilan, mesure le chemin parcouru – mais aussi trace les voies de l'avenir.*

Ce double regard sur le passé et l'avenir, est ici organisé en trois parties centrées sur des caractéristiques fortes de notre Établissement et de notre action.

Le temps *d'abord, le long terme de la forêt et de l'aménagement forestier, mais aussi le temps de l'action quotidienne et encore, hélas, le temps «qui se fait mauvais», en un instant détruit l'œuvre accomplie et amène les forestiers à se mobiliser à nouveau dans l'urgence.*

La diversité *des territoires et des paysages ensuite, forêt de plaine ou de montagne, forêt feuillue ou résineuse, forêt de dune sableuse et forêt méditerranéenne, forêt d'outre-mer, des Antilles ou de Guyane, toute une palette d'écosystèmes, toute une variété de terroirs où la nature et l'homme vivent en lien étroit. Des espaces qui appellent des formes de gestion toujours plus diverses.*

Le partenariat *enfin. Pour façonner une forêt durable, diverse et répondant aux différentes fonctions qu'en attendent nos concitoyens, forêt de protection, forêt de production, forêt d'accueil et aussi forêt de rêve et d'imaginaire, l'Office National des Forêts organise et veut toujours plus développer son action dans le partenariat. Partenariat avec les élus, avec les professionnels de la filière, avec les scientifiques, les associations, avec tous ceux qui se sentent concernés par la forêt et qui l'aiment.*

Des événements jalonnent ces trente années, nous en rappelons quelques-uns. Des chiffres aussi sont donnés pour mesurer ce qui a été fait et ce qui reste à faire. Et surtout, des hommes et des femmes, forestiers ou partenaires, apportent leur regard sur notre Établissement. Des personnalités très diverses enfin nous ont fait l'amitié de nous dire leur sentiment sur la forêt.

Arborescences

COMPTER AVEC LE TEMPS

Rivière Le Scorff, forêt domaniale de Pont-Calleck, Finistère

COMPTER AVEC LE TEMPS

*e temps des arbres n'est pas celui des hommes. Le temps des arbres, c'est la longue durée ; les forestiers français qui, depuis plus de sept siècles, ont en charge la forêt, le savent bien. Par l'aménagement forestier, ils organisent leur action dans la durée.*

Le temps pour les forestiers, c'est aussi le temps des saisons, qui rythme leurs activités mais qui parfois se dérègle et met à mal la forêt. Les forestiers ne baissent pas les bras : après le temps des malheurs, vient celui des reconquêtes.

COMPTER AVEC LE TEMPS

L'AMÉNAGEMENT FORESTIER, INSTRUMENT FONDAMENTAL DE LA GESTION DURABLE

La complexité des écosystèmes forestiers et la longueur des cycles végétatifs des arbres impliquent que les actions forestières, pour être efficaces, soient réfléchies, organisées et conduites avec cohérence en fonction d'objectifs à long terme.

C'est le rôle de «l'aménagement forestier», document détaillé qui prend en compte tous les aspects et toutes les fonctions de la forêt pour constituer le guide quotidien du gestionnaire.

L'effort sans précédent, réalisé en ce domaine ces dernières années, s'est traduit notamment par le doublement des surfaces annuellement «aménagées» et par une attention particulière portée au maintien de la biodiversité et à la préservation des paysages.

Haute futaie de hêtres, forêt domaniale de Compiègne, Oise

INDICATEURS

Surface annuelle aménagée en métropole
1966   70 000 ha
1995   263 000 ha

●

Nombre d'aménagements forestiers réalisés en métropole
1966   200
1995   761

●

Pourcentage de forêts (domaniales et communales) dotées d'un aménagement forestier
1966   50%
1995   90%

●

Les cartes de stations forestières apparaissent dans les aménagements à partir de 1976. Aujourd'hui, tout aménagement comprend de telles cartes.

●

La rédaction des directives et orientations locales d'aménagement est engagée en 1986. Dix ans après, ces directives et orientations concernent 3 920 000 ha.

●

Réseau routier domanial
Routes revêtues
1971   4 000 km
1995   4 400 km

Routes empierrées
1971   7 900 km
1995   12 200 km

Routes en terrain naturel
1971   13 900 km
1995   15 400 km

●

La forêt guyanaise fait, depuis 1992, l'objet de plans de gestion. En 1995, neuf sont établis portant sur 93 600 ha.

●

Une démarche logique et collective

Conçu pour préserver l'aptitude de la forêt à produire les biens et les services que l'homme pouvait en attendre, l'aménagement forestier s'est perfectionné au fil des siècles. Il comprend maintenant :
- un ensemble d'analyses, permettant d'appréhender toutes les richesses et les potentialités des écosystèmes et tous les aspects de la demande écologique et sociale ;
- des synthèses, conduisant à arrêter, pour chaque zone, les divers objectifs de la gestion et leur poids respectif, et à déterminer les caractéristiques des écosystèmes vers lesquels la forêt doit être progressivement conduite ;
- le programme des actions à moyen terme : coupes et travaux.

A l'échéance de la durée d'application, un nouvel aménagement forestier est élaboré, qui tire les leçons de la période écoulée et intègre les évolutions constatées. L'aménagement forestier est élaboré par l'équipe des gestionnaires concernés, à l'écoute de spécialistes scientifiques et des usagers de la forêt. Dans le cas de forêts appartenant à des collectivités locales, celles-ci sont étroitement associées au travail et choisissent les objectifs au vu des différentes options proposées par l'ONF.

Une évolution récente considérable

Pour suivre de plus près les progrès techniques, ainsi que l'évolution de la forêt et de la demande sociale, la durée moyenne d'application des aménagements forestiers est passée progressivement de 25 à 15 ans.

Pour une meilleure cohérence entre les aménagements forestiers d'une région, les réflexions sont conduites d'une part à l'échelle de la petite région forestière, dans le cadre d'une «orientation locale d'aménagement», et d'autre part au niveau de chaque forêt.

Les facteurs écologiques sont pris en compte grâce à la généralisation des cartographies des stations forestières. Il en est de même des éléments rares et remarquables de la biodiversité (milieux, espèces, écotypes …).

L'établissement de cartes des paysages remarquables et des sensibilités paysagères est systématique. Des outils informatiques spécifiques sont à la disposition des aménagistes pour le traitement des inventaires et la simulation de scénarios d'aménagement. Des progrès importants sont attendus de la mise en place d'un système d'information géographique. La formation des personnels et notamment des techniciens a été renforcée et un ensemble d'ouvrages et de guides techniques a été élaboré. Enfin, les efforts se portent aussi sur le suivi de l'application de l'aménagement forestier. Pour chaque forêt, toutes les interventions réalisées et toutes les observations constatées sont consignées dans un «sommier de la forêt» ; parallèlement une base de données techniques est édifiée et s'enrichit au fil du temps. Ainsi se constitue une véritable mémoire de la forêt qui permet d'affiner les connaissances, d'enregistrer les évolutions et de valider les règles d'une gestion durable.

Forêt communale de Blumeray, Haute-Marne

Rémi Metz

«Il est une idée qui chemine, c'est celle d'un aménagement en continu. Plutôt que de raisonner par période de quinze ou vingt ans, il apparaît plus souhaitable de lisser nos «interventions». La méthode doit être mise au point, mais ce n'est pas très difficile. La cartographie numérisée et surtout le système d'information géographique permettent de suivre pratiquement en temps réel l'évolution de la forêt et d'adapter immédiatement les objectifs quantitatifs. Dans le domaine du suivi de l'application de l'aménagement, il y a encore à faire et à innover pour mettre au point un véritable contrôle de gestion technique. Il ne faut pas être inquiet : dans ce domaine, les idées fourmillent !» ●

Responsable régional des aménagements (Champagne-Ardenne)

COMPTER AVEC LE TEMPS

Claude Weber

« Ici à Erstein,
le personnel de terrain
a largement participé
à la dernière révision
de l'aménagement
de la forêt communale
en 1995. Nous avons
remis à jour le plan
de la forêt, puis
fait une tournée
sur la totalité
du massif
pour en avoir une vue
d'ensemble.
Nous avons relevé
les arbres, arbustes et
plantes remarquables
ainsi que les milieux
naturels méritant une
attention particulière
et, de manière
générale,
tous les éléments utiles :
densité du gibier,
fréquentation du
public, traditions liées
à la forêt, …
Bien entendu,
sur le terrain,
nous avons réalisé
les inventaires
pour la description
des peuplements et des
stations forestières. » •

Chef de district à Erstein
(Bas-Rhin)

ZOOM

Des instruments nouveaux pour l'aménagiste forestier

Régulièrement, l'Office a rédigé et diffusé des documents permettant aux forestiers d'affiner les techniques d'aménagement. Citons en particulier :
– « Inventaire et estimation de l'accroissement des peuplements forestiers », (1981).
– « Manuel d'aménagement », 3e édition (1989).
– « Instruction sur la prise en compte de la diversité biologique dans l'aménagement et la gestion forestière », (1993).
– « L'approche paysagère des actions forestières », guide à l'usage des personnels techniques de l'ONF (1993).
– « Instruction sur les réserves biologiques dirigées et séries d'intérêt écologique particulier », (1995).

Examen d'un arbre à préserver, forêt de Yiyi, Guyane

ZOOM

La gestion forestière à l'heure de l'information géographique

Pouvoir rassembler les caractéristiques de l'espace forestier et mieux le connaître, le visualiser et l'analyser, telles sont les raisons qui ont conduit à la mise en place d'un système d'information géographique à l'ONF.
Le premier intérêt de cet outil est de faciliter la démarche de l'aménagiste qui peut ainsi mobiliser et exploiter l'information disponible, éditer les nombreuses cartes nécessaires (pédologie, pluviométrie, hydrographie, ensoleillement, caractéristiques des peuplements,...) et tester par simulation des hypothèses variées pour asseoir ses décisions. Le second avantage est d'aider, par l'archivage et par la mise à jour des informations ainsi localisées et datées, le travail du gestionnaire qui peut désormais enregistrer et suivre dans le temps l'évolution des peuplements et des écosystèmes qui lui sont confiés.

Travaux de cartographie

ÉVÉNEMENTS

1970
Diffusion d'une notice relative à la pratique de l'inventaire statistique en aménagement. Réalisation du premier aménagement utilisant cette technique.

1974
Instruction sur le sommier de la forêt qui relatera toutes les opérations effectuées en forêt, et toutes les évolutions du patrimoine et des écosystèmes.

1976
Publication du premier catalogue des stations (Plateau lorrain) à usage de l'aménagement forestier.

1986
Instruction générale pour l'élaboration des directives locales d'aménagement et des orientations locales d'aménagement. Parution de la première directive locale d'aménagement (région Normandie)

1990
Mise en place du logiciel AIDAM (Aide à l'aménagement).

1990
Première utilisation d'un Système d'information géographique (S.I.G.) en aménagement.

1994
Parution d'une nouvelle instruction générale sur l'aménagement forestier.

Préserver les évolutions

Patrick Blandin
Directeur du laboratoire d'écologie générale
Directeur de la Grande galerie de l'évolution
Muséum national d'histoire naturelle

ertains en appellent au développement durable : il y a là quelque chose d'incantatoire, car sait-on ce que cela peut vouloir dire ? Voilà une expression qui recouvre, elle aussi, bien des possibles ; les économistes en débattent. Et parmi tous les développements «durables» possibles, certains ne sont pas favorables à la nature, telle que la conçoivent ses plus ardents défenseurs.

L'écologue, amoureux de la nature, sait seulement que celle-ci, dans la diversité de ses manifestations, est le fruit d'une histoire, d'une évolution. A chaque instant, nos forêts – et, plus globalement la biosphère – sont porteuses de la mémoire de l'évolution du vivant, mémoire collective qui se redistribue en permanence dans des individus éphémères, les arbres l'étant un peu moins que les autres. L'écologue sait aussi que cette mémoire est le matériau de l'évolution à venir. La maîtrise de l'écosphère se traduira-t-elle par l'arrêt de l'évolution, en un équilibre figé, celui où se compensent à l'infini les entrées et les sorties de cycles biogéochimiques immuables ? Ou par le choix d'un seul cheminement évolutif strictement piloté, grâce à une maîtrise absolue des processus sélectifs ? Ce ne serait plus la sélection naturelle, mais une sélection artificielle. En naturaliste, l'envie me vient de dire qu'il faut faire en sorte que de multiples évolutions soient toujours possibles. Pour cela, conservons la nature, ne hâtons pas sa fin, ne rêvons pas de bâtir une nature à notre image qui ne nous renverrait qu'à nous-mêmes. Reconnaissons la nature comme autre, ce qui autorise certes la rencontre, la découverte, mais jamais l'appropriation finale. •

COMPTER AVEC LE TEMPS

SYLVICULTURES EN MOUVEMENT

La sylviculture est la technique par laquelle les forestiers conduisent les peuplements forestiers vers les objectifs fixés par les aménagements. Technique raisonnée, fruit d'une longue pratique et de l'expérimentation scientifique, la sylviculture est fonction de l'essence à laquelle elle s'applique, de son comportement, du milieu dans lequel elle croît, et des objectifs poursuivis.

Technique très diverse par nature, elle est aussi évolutive afin d'intégrer les nouveaux acquis scientifiques et répondre aux nouvelles demandes écologiques, économiques et sociales.

L'amélioration des méthodes sylvicoles classiques et le développement de nouvelles techniques sylvicoles caractérisent ces trente dernières années.

Futaie jardinée d'épicéas, forêt communale de Lac des Rouges Truites, Jura

INDICATEURS

L'élagage de formation des résineux concerne 1 060 ha en 1985. En 1995, il porte sur 2 600 ha.

●

De 1966 à 1995, le programme de travaux neufs de reboisement destinés à enrichir la forêt domaniale a porté en année moyenne sur 2 400 ha (de 1 000 à 4 000 ha selon les résultats de l'ONF).

●

De 1966 à 1995, le montant des travaux d'entretien et de renouvellement effectués en forêt domaniale a été, en francs constants, multiplié par 2,9 passant de 160 millions de francs à 458 millions de francs.

●

De 1971 à 1995, les surfaces parcourues par des dégagements de semis et des nettoiements ont été multipliées par 1,8. Elles atteignent 75 000 ha en 1995.

●

Entre 1984 et 1995, des gains de productivité de 3% par an ont été accomplis dans l'exécution des travaux d'entretien et de renouvellement (effort de normalisation, meilleure organisation des chantiers, participation active des équipes d'ouvriers).

●

Dans les forêts communales, les moyens financiers consacrés par les collectivités locales à l'entretien et au renouvellement des peuplements sont passés, en francs constants, de 225 à 290 millions de francs de 1978 à 1995.

DES TRAITEMENTS DIVERSIFIÉS

Prôné dès la création de l'Ecole de Nancy en 1824, le traitement des peuplements feuillus en futaie, générateur de bois d'œuvre de qualité, s'est développé considérablement en deux siècles. Prédominant dans les forêts domaniales, il s'est également étendu dans les forêts des collectivités par les mises en conversion des taillis, souvent préparées de longue date par des «balivages» serrés.

Si désormais, pour une majorité des forêts, le traitement en futaie, le plus souvent régulière, prédomine, son application a bénéficié d'évolutions destinées à mieux répondre aux impératifs écologiques, économiques et sociaux.

C'est dans cette optique que le traitement en futaie par petites parcelles a été élaboré, que le traitement des futaies résineuses irrégulières a été mis au point, qu'une plus grande attention a été portée aux essences secondaires, que la préservation de la diversité biologique a été davantage incorporée à la gestion.

DES RENOUVELLEMENTS MIEUX MAÎTRISÉS

Le renouvellement des peuplements, «ardente obligation» des forestiers, a considérablement progressé. Les retards constatés en 1966 ont été résorbés grâce aux moyens que l'Office a pu mobiliser et un rythme normal de renouvellement des générations a pu être atteint. La régénération naturelle est la règle générale. Les reboisements par plantation interviennent lorsque cette dernière n'est pas possible. Une amélioration des coûts, sans nuire au résultat et tout en ayant le souci de préserver la richesse des milieux naturels, a été obtenue grâce à la mise en place de techniques innovantes : cloisonnements culturaux, exécution plus rationnelle des dégagements de semis, utilisation raisonnée des phytocides pour maîtriser la croissance de la végétation concurrente. En outre, une plus faible densité de mise en place de plants sélectionnés a permis d'allier la qualité du peuplement futur à un meilleur mélange des essences.

DES TECHNIQUES D'AMÉLIORATION PLUS DYNAMIQUES

L'amélioration des peuplements en croissance a bénéficié d'une intensification importante qui permettra d'obtenir davantage d'arbres de diamètres souhaités à un âge donné, de raccourcir les âges d'exploitabilité en laissant leur place aux essences d'accompagnement. Défourchage, élagage, contribuent aussi, dans certains cas, à améliorer la qualité. Interventions précoces en dépressage, désignation d'arbres objectifs, généralisation des cloisonnements d'exploitation, prélèvements plus proches de la production biologique, modulation des rotations, permettent désormais à la forêt de mieux répondre aux besoins de la filière de transformation du bois.

VERS UNE SYLVICULTURE PERSONNALISÉE

Des techniques sylvicoles permettant aux forêts de répondre aux différentes fonctions d'utilité collective ont été élaborées. Les actions à mener dans les forêts périurbaines ont fait l'objet de directives. Il en est de même pour ce qui concerne la prise en compte du paysage, ou de la protection d'espèces, ou de biotopes. De même des techniques applicables aux forêts à objectif cynégétique prioritaire, ont été mises au point. Enfin les méthodes de gestion des forêts d'altitude ou de protection font l'objet de programmes spécifiques de recherche.

On ne peut plus parler de la sylviculture, mais de sylvicultures très diversifiées, que plusieurs décennies de recherche et de progrès ont permis de définir, pour répondre toujours mieux à la variété des situations forestières.

Francis Couvet

«*J'étais ouvrier forestier, je suis devenu sylviculteur, je travaille pour l'avenir, en entretenant les plantations, en faisant des reboisements. Je choisis les arbres d'avenir dans les jeunes peuplements et enlève les arbres malades, chancreux, mal conformés, sans avenir. Plus tard, en retraite, j'aimerais voir le fruit de mon travail, voir si le choix de ces jeunes arbres frêles mais bien droits, était le bon choix. Je reviendrai pendant ma retraite dans les peuplements que j'ai dégagés.*» ●

Ouvrier forestier permanent en forêt d'Eawy (Seine-Maritime)

Futaie de hêtres, forêt domaniale d'Eu, Seine-Maritime

COMPTER AVEC LE TEMPS

ÉVÉNEMENTS

1967
Elaboration du premier plan pluriannuel de travaux en forêt domaniale (1968-1970).

1971
Mise en œuvre de la première programmation quinquennale des travaux en forêt domaniale (1971-1975).

1973
Consignes normatives d'application à l'ONF de la technique des arbres de place (Bulletin technique n° 4).

1976
Edition des premières tables de production à sylviculture variable pour le sapin et l'épicéa, dans le massif du Jura et les Alpes du Nord.

1980
1er protocole d'observation des dépressages et éclaircies dans les jeunes peuplements.

1983
Etablissement de la première série de normes sylvicoles, guide de conduite d'un peuplement forestier vers un objectif déterminé.

1990
Publication par la région Alsace du premier guide de sylviculture : «Le chêne sessile sur le Plateau lorrain». Cet ouvrage sera suivi en 1992 par un guide de sylviculture des sapinières en Alsace.

ÉVÉNEMENTS

1991
Mise en place de la première base de données techniques des jeunes peuplements en Champagne-Ardenne.

1992
Publication de la directive ministérielle de gestion des forêts périurbaines.

1994
Harmonisation interrégionale des normes sylvicoles et élaboration de normes cadres, définition d'itinéraires techniques, pour les travaux de régénération.

1994
Publication du document «Les futaies irrégulières du Massif jurassien - aménagement gestion».

1995
Diffusion d'un logiciel micro-informatique de diagnostic sylvicole des jeunes peuplements réguliers.

Eclaircies résineuses…

… avant éclaircie

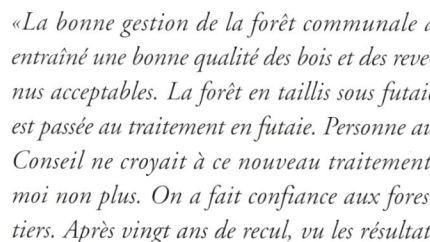

… après éclaircie

Maurice Gérardin

«La bonne gestion de la forêt communale a entraîné une bonne qualité des bois et des revenus acceptables. La forêt en taillis sous futaie est passée au traitement en futaie. Personne au Conseil ne croyait à ce nouveau traitement, moi non plus. On a fait confiance aux forestiers. Après vingt ans de recul, vu les résultats positifs nous y croyons fort. Je dois ajouter que les ventes groupées des grumes affouagères organisées par l'ONF ont été un atout supplémentaire pour nous. •

Maire de Dommartin-lès-Toul (Meurthe-et-Moselle)

Parcelle en conversion

Débroussaillage mécanique

30 ans de passion

La forêt grugée

Robert Charlebois
Chanteur québécois

Je pense que les Canadiens ou les Québécois commencent à comprendre enfin ce qu'est la sylviculture. Ils se sont rendu compte à un moment donné que de petits pays comme la Suède produisaient autant que nous. On fait des coupes à blanc avec des monstres qui arrachent les troncs d'arbres. On ne pense même pas à replanter à mesure !

Au Québec, on croit qu'il y a des forêts à l'infini parce que tu te promènes sur les routes. Mais, moi je les ai survolées en avion. C'est souvent comme une croûte de gâteau ou de pain, t'sais, y'a qu'le tour et pis tout l'intérieur est grugé*, mais grugé à blanc par des machines immenses. Mais pour écrire, il faut du papier. Plus de papier, plus d'écrivains, plus de journalistes,... Ce serait peut-être bien, mais peut-être aussi que non !

Y'a un mot français qui s'appelle la drave. Mais la drave vient du mot anglais «drive», parce que le draveur, c'est celui qui était le premier sur le billon, en avant de la rivière. C'étaient les mêmes gens qui coupaient les arbres en janvier-février et en mars, dès que la débâcle arrivait, la seule manière d'acheminer ça vers le moulin à scie ou à papier, c'était par la rivière. En ce temps là, ça se faisait avec beaucoup, beaucoup de poésie et d'amour. T'sais, les gens suivaient leurs produits jusqu'au bout. Alors que maintenant les haches, c'est pour le folklore. Un jour, j'ai vu dans un restaurant «steak au feu de bois coupé à la hache».

Je suis un pêcheur fou. J'ai des souvenirs de truites et de saumons extraordinaires. A l'île Anticosti, une île vierge, les chevreuils (ou cerfs de Virginie) n'ont pas de prédateurs. Il y a des élans, des orignaux. On va pêcher là-bas. A un moment donné, je me retourne, je vois un chevreuil. Je dis Ouah ! Et puis cinq minutes après, j'en vois douze, quinze... •

* grugé : grignoté

COMPTER AVEC LE TEMPS

BONNES GRAINES
BONS PLANTS

Depuis trente ans, les progrès en matière de connaissance et de prise en compte de la variabilité génétique des espèces forestières ont été considérables. Pratiquement inconnus en 1960, les concepts de peuplements classés, régions de provenance, vergers à graines, conservation in situ font désormais partie de notre langage courant et de nos préoccupations quotidiennes.

Récolte de cônes sur un peuplement classé d'épicéas, forêt communale de Chapois, Jura

INDICATEURS

Les peuplements classés situés dans les forêts relevant du régime forestier couvrent 39 414 ha pour les résineux et 24 649 ha pour les feuillus.

●

De 1981 à 1995, la surface annuelle plantée dans le cadre du renouvellement des forêts est en moyenne de 5 000 ha en forêt domaniale et de 7 500 ha en forêt des collectivités.

●

Pour la même période, en incluant les travaux neufs, la surface moyenne annuelle reboisée varie de 13 000 à 16 000 ha dans l'ensemble des forêts relevant du régime forestier.

●

En 1995, les forêts relevant du régime forestier utilisent 19% de la production française de plants forestiers : 27% de la production de plants feuillus et 13% de la production de plants résineux.
Il a ainsi été utilisé, en forêt domaniale, 9,7 millions de plants dont 62% de feuillus ; dans les forêts des collectivités, 8,5 millions de plants dont 60% de feuillus.

●

Les principales essences utilisées dans les plantations sont : le chêne sessile (3,870 millions de plants), le hêtre (3,800 millions de plants), le chêne pédonculé (1,130 million de plants), l'épicéa (1,115 million de plants), le pin maritime (1,130 million de plants).

●

En 1995, les contrats de culture ont porté sur 1,250 million de plants (7% des utilisations).

●

COMPTER AVEC LE TEMPS

DES SOURCES DE GRAINES DE QUALITÉ

«Des graines sauvages» récoltées en forêt ...

Une première étape a été franchie en 1971, lorsque les récoltes de graines ont été concentrées sur les «peuplements classés» bien venants et de belle forme, définis par le ministère ayant en charge les forêts.
Sélectionnés par le CEMAGREF, ils couvrent aujourd'hui 68 500 ha gérés pour la plupart par l'Office National des Forêts. Ils permettent de satisfaire, selon les essences de 80 à 100% des besoins nationaux en semences forestières. L'Office participe activement à la recherche de peuplements classés pour les essences qui viendront s'ajouter à la vingtaine d'essences objet de la réglementation.

... aux graines produites en vergers à graines

Plus récemment, l'Office a participé, pour le compte de l'État, à l'installation de vergers à graines dans le Lot, le Tarn, les Landes. Ces unités devraient satisfaire avant l'an 2000 une proportion importante de la demande française en graines de conifères.

DES TECHNIQUES PLUS PERFORMANTES DE CONSERVATION DES SEMENCES

Associé à plusieurs partenaires dont l'INRA, l'ONF a mis au point des méthodes de conservation des semences d'essences feuillues. Le service Graines et Plants, installé à La Joux (Jura), est unique en Europe. Il est capable de conserver sur deux hivers, un stock de 150 tonnes de glands. Ainsi il est désormais possible de faire face aux irrégularités des fructifications.

Le service Graines et Plants a aussi maîtrisé la conservation de graines de plusieurs espèces (hêtre, merisier, érable ...). La dormance des graines étant levée, le pépiniériste peut semer son lot de graines dès réception.

UNE PRÉOCCUPATION MONTANTE : LA PRÉSERVATION DU PATRIMOINE GÉNÉTIQUE DES ESSENCES FORESTIÈRES

De longue date, l'Office a contribué à sauver des ensembles génétiques forestiers menacés (sapin de Laigle, pin sylvestre de Haguenau, «faux» de Verzy). Dans le cadre de la politique nationale de conservation des ressources génétiques forestières, l'ONF a installé deux réseaux de conservation in situ de hêtre (26 peuplements) et de sapin (18 peuplements). Ces réseaux s'étendront prochainement à d'autres espèces (chêne, épicéa...). Des plantations conservatoires de merisier seront également installées.

L'ONF a décidé de renforcer le potentiel français d'étude et de préservation de la diversité génétique des espèces forestières en installant à Orléans une cellule spécialisée, le «Conservatoire génétique forestier», dont le premier programme concerne les alisiers. Après l'exploration de la diversité génétique de l'espèce, des mesures de préservation in situ seront élaborées. Cette approche bénéficiera à terme à l'ensemble des espèces forestières françaises.

Jean-Michel Guillet

« La pépinière est le premier maillon pour la pérennité de la forêt. En choisissant mes graines, en créant mes plants et en adoptant le système d'éducation qui leur convient le mieux, je veux donner à la forêt toutes ses chances de réussir. Je les traite comme autant d'individus particuliers, comme on prépare l'enfant à sa vie en société.» ●

Ouvrier forestier permanent en Vendée
Responsable d'une pépinière à Olonne-sur-Mer (Pays de la Loire)

Sécherie de La Joux, service Graines et Plants, Jura

COMPTER AVEC LE TEMPS

ÉVÉNEMENTS

1968
La Sècherie de la Joux devient sècherie et magasin de graines unique pour l'Office National des Forêts.

1973
Premier arrêté ministériel de classement de peuplements porte-graines (étiquette verte).

1974
Installation par l'ONF, pour le compte de l'État, de la première tranche de vergers à graines dans le département du Lot (330 ha plantés à ce jour).

1981 - 1982
Construction de la sècherie de graines d'arbres feuillus à La Joux.

1982
Début du traitement des graines feuillues à la Sécherie de La Joux.

1984
Création de la base de données pour la Sécherie de La Joux.

1985
Lancement de la conservation de glands sur deux hivers.

1986
Création d'un Groupement d'intérêt scientifique (GIS) intitulé «Variétés forestières améliorées» regroupant l'INRA, l'ONF, la société Vilmorin, le CEMAGREF, l'AFOCEL, et le CNIH.

INRA : Institut national de la recherche agronomique
CEMAGREF : Centre national du machinisme agricole, du génie rural, des eaux et des forêts
AFOCEL : Association forêt cellulose
CNIH : Centre national interprofessionnel horticole

Bruno Robert

« Je grimpe régulièrement du mois de juillet jusqu'à l'hiver en suivant les fructifications des différentes essences. On commence par le merisier, puis le douglas au mois d'août, en septembre et octobre le sapin, viennent ensuite l'alisier puis l'épicéa. Enfin, pour finir la saison, le cèdre et les pins laricio et maritime. Suivant les types de graines, il faut adapter la méthode de récolte. Pour les résineux, les cônes sont cueillis à la main et stockés dans un sac de jute accroché à la ceinture. Quand le sac est au trois-quarts plein, on le ferme et on le jette au pied de l'arbre. Pour les merises et les alises, il faut bâcher le sol et ensuite du sommet de l'arbre, on «trique» les fruits à l'aide d'une gaule qui mesure environ trois mètres et demi. Quant aux feuillus tels les érables ou les frênes, la cueillette se fait en coupant les branches par la méthode de la taille douce puis ramassage des samares au sol.» ●

Cueilleur-grimpeur
Service Graines et Plants de l'ONF à La Joux
(Jura)

La pépinière des Essarts en Normandie fournit 61% des plants feuillus produits par l'ONF.

Récoltes de faînes par bâchage

ÉVÉNEMENTS

1987
Création dans les forêts domaniales de Mimizan et de Saint-Augustin de 120 ha de vergers à graines de seconde génération de pin maritime. Premier arrêté ministériel de classement de peuplements contrôlés (étiquette bleue).

1991
Publication de la circulaire de la Direction de l'espace rural et de la forêt concernant la conservation des ressources génétiques forestières.

1995
Installation à Orléans d'une cellule spécialisée dans l'étude et la conservation de la diversité génétique des essences forestières : le Conservatoire génétique forestier.

Récolte de glands

Pour une approche globale de l'amélioration et de l'utilisation des ressources génétiques forestières

Michel Arbez
Directeur de la station de recherches forestières de Bordeaux-Cestas
Institut national de la recherche agronomique

Durant les trente dernières années, la gestion des ressources génétiques forestières s'est améliorée de façon significative, elle doit aujourd'hui être envisagée de manière plus globale.

Les plantations comparatives de provenances et de descendances, puis plus récemment les marqueurs génétiques, nous ont progressivement renseignés sur l'amplitude et la structuration de la variabilité génétique des espèces forestières, permettant ainsi d'asseoir sur des bases plus solides les recommandations d'utilisation.

Le classement des peuplements porte-graines a fait l'objet d'un effort sans précédent, avec pour résultat 68 500 ha de peuplements sélectionnés disponibles aujourd'hui et cela pour une vingtaine d'espèces différentes. Les garanties concernant la région de provenance et la qualité phénotypique des peuplements marquent une amélioration certaine par rapport à la situation d'avant la loi de 1971. Les recommandations d'utilisation, en faveur notamment de la région de provenance locale, chaque fois qu'on se trouve dans l'aire naturelle d'une espèce, sont venues avantageusement compléter ce dispositif.

Si pour les grands feuillus sociaux (chênes, hêtres), le progrès n'a pas dépassé le stade des récoltes sur peuplement classé, il n'en a pas été de même pour les principaux conifères qui comptent aujourd'hui une ou plusieurs variétés de catégorie contrôlée, produites en vergers à graines ou en peuplements porte-graines testés. Malgré l'importance des gains génétiques attendus dans la première génération de vergers, avoisinant souvent 20% pour la croissance en volume, ces vergers ont l'inconvénient de produire des variétés polyvalentes et de composition génétique immuable, et d'immobiliser sur de longues années des surfaces importantes.

Les variétés du futur

La création de variétés, à partir de mélanges «à la carte» de croisements contrôlés préalablement testés, ouvre de nouvelles perspectives. Lorsque l'espèce est suffisamment prolifique pour que les croisements contrôlés s'avèrent rentables, et améliorée depuis suffisamment longtemps pour disposer d'un ensemble important de parents déjà testés sur différents critères de sélection, la méthode autorise une diversification variétale permettant de s'adapter plus facilement à la diversité des besoins et de leur évolution. Elle s'applique aussi à la création de variétés hybrides F1, recombinant favorablement les avantages des deux espèces ou des deux races parentes. Certes, le progrès des biotechnologies permettrait dès aujourd'hui d'aller plus vite et plus loin dans la transformation du génome des arbres forestiers (réduction de la teneur en lignine du bois, sélection pour les résistances...). On peut simplement se demander si les obstacles réglementaires à la diffusion des organismes génétiquement modifiés par transgénose, les réticences de la société et la rentabilité moindre de la création variétale forestière comparée à celle concernant les plantes de grande culture, ne s'opposeront pas à court terme à de telles applications dans le domaine forestier.

Génétique, aménagement et sylviculture

Durant ces trente dernières années, la génétique a eu longtemps pour cible exclusive la création de variétés améliorées pour les reboisements par plantation. Le formidable pouvoir des marqueurs génétiques (terpènes, isozymes, protéines, ADN) pour analyser dans des délais records et pour comprendre la diversité génétique des espèces forestières et son évolution, est en train de faire entrer de plain-pied la génétique dans la gestion forestière. Le polymorphisme moléculaire des populations forestières peut désormais être utilisé pour les caractériser, rectifier les contours des régions de provenance et rationaliser les transferts de semence. En combinant ces marqueurs et les modèles de génétique des populations, on pourra demain simuler l'impact des méthodes d'aménagement (durée de la révolution, parcellaire...) et de sylviculture (critères de sélection et nombre des individus à retenir lors des éclaircies et des coupes d'ensemencement...) sur l'évolution à long terme de la diversité génétique des populations. A une époque où gestion durable et diversité sont devenues les maîtres mots de la gestion des ressources du vivant, nul doute que ces applications soient promises à un brillant avenir forestier.

La conservation de la diversité génétique conditionne la capacité d'adaptation des populations et des espèces forestières, elle est aussi le garant le plus sûr des progrès génétiques futurs. De manière volontariste et formalisée, l'ONF joue d'ailleurs un rôle stratégique dans la politique de conservation des ressources génétiques forestières en France.

Plutôt que de cantonner la conservation exclusivement dans des portions de forêt délimitées et gérées à cet effet (réseau des réserves génétiques in situ) mieux vaudrait en complément intégrer la conservation des ressources génétiques dans la gestion courante des forêts.

Encore faut-il préalablement pouvoir définir ces méthodes de gestion respectueuses de la diversité. Hors forêt naturelle, l'utilisation en plantation des variétés améliorées les plus performantes conservera tous ses avantages. Elle protégera par ailleurs les forêts naturelles des risques de surexploitation. Mais il faudra prévoir et maîtriser les échanges de gènes entre variétés améliorées et populations sauvages. Il apparaît donc de plus en plus clairement qu'amélioration, conservation et utilisation des ressources génétiques doivent être envisagées de manière globale et non plus séparément. ●

COMPTER AVEC LE TEMPS

LE TEMPS DES SAISONS

Au fil des saisons, la forêt nous offre des visages changeants, tantôt gais et chatoyants, tantôt austères et dépouillés. Arbres, végétaux de toutes espèces qui la composent, animaux qui la peuplent, règlent leur vie sur le rythme des saisons.

Pour les hommes qui vivent de la forêt, comme pour ceux qui la font vivre, ce cycle naturel préside à leur activité, et leurs travaux s'enchaînent dans le temps, intimement liés à la succession des saisons.

La forêt en automne, forêt domaniale de la Verrière du Gros-bois, Doubs

30 ans de passion

Ô forêts séculaires qui rythmez notre temps !

Forêts de nos étés et vos touffeurs du soir
sous vos feuillages lourds avides de rosée …
vos silences soudains quand les oiseaux se taisent,
puis les orages rôdent et grondent
et puis ils crèvent …
vos soleils retrouvés et vos jeux de lumière,
et vos lisières longues sous les clartés lunaires ;

Forêts de nos automnes
aux foyards flamboyants ;
premières feuilles qui tombent, nonchalantes, frivoles ;
puis viennent les grands vents impatients,
déchaînés qui torturent vos cimes et les laissent exsangues
dans les brouillards qui montent et voilent vos secrets,
après que les grands cerfs aient bramé haut et fort ;

Forêts de nos hivers
et vos longs bras tendus où les sèves se glacent,
quand crissent les humus et que le bois éclate
sous le gel insensible à ce claquement sec ;
forêts étincelantes sous le givre de l'aube ;
forêts roides et fières sous vos blanches tuniques,
quand la neige a figé les sapinières bleues ;

Forêts de nos printemps
où les brumes dérivent, fouettées
par un vent cru qui bientôt tièdira
pour gonfler vos bourgeons …
sous-bois très tôt feuillés …
chênes d'abord ocrés, puis d'un vert franc et sûr …
et chevreuils qui s'enivrent en vos taillis blessés.

Ô forêts séculaires
qui colorez le temps !

Roland Perrier

COMPTER AVEC LE TEMPS

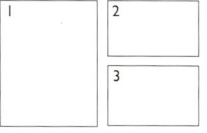

1 – Héliportage de plants en montagne, travaux RTM

2 – Brigade équestre de surveillance

3 – Surveillance incendie depuis un pylône

Été

Automne

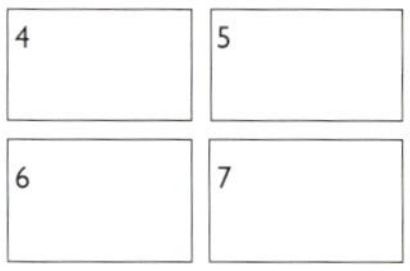

4 – Plantation de chênes

5 – Récolte de glands

6 – Vente d'automne

7 – Chasse en licence dirigée

30 ans de passion

COMPTER AVEC LE TEMPS

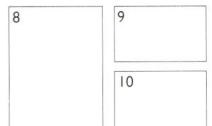

8 – Martelage en plaine

9 – Exploitation de hêtres

10 – Plantation de gourbets sur dune

Hiver

Printemps

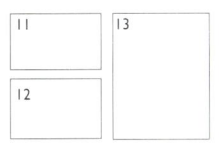

11 – Accueil et information du public

12 – Dégagement de semis

13 – Dépressage de pins maritimes

Le temps des saisons

GROS TEMPS SUR LA FORÊT

Six millions de m³ abattus en une nuit d'octobre en Bretagne ; dix mille hectares ravagés par les flammes en Provence lors d'une journée de soleil et de vent… La forêt connaît parfois de durs moments.

Vents violents, tempêtes, tornades, ouragans ; incendies dévastateurs ; coups de gel ou de givre ; sécheresses exceptionnelles ; attaques parasitaires… Pour les forestiers, c'est le temps des malheurs.

Mais ces poussées de fièvre de la nature sont dans l'ordre des choses. Et le forestier retrousse ses manches, déblaye, nettoie, favorise la régénération naturelle ou replante. Avec l'espoir de recréer une forêt plus belle et plus forte qu'avant.

COMPTER AVEC LE TEMPS

Darney, Bavella : histoires de reconquête

La tornade de juillet 1984 dans les Vosges

Au soir du 11 juillet 1984 la nature s'est déchaînée dans la plaine des Vosges entre Darney au sud et Rambervillers au nord : en une vingtaine de minutes une tornade d'une rare violence, avec des vents à 300 km/h avait tout détruit sur son passage : les toitures et les clochers des villages, les cultures et les bâtiments agricoles et, bien entendu, les forêts.

Aucune victime heureusement n'était à déplorer. Mais la forêt était durement touchée : près de 2 000 000 de m³ de bois étaient à terre, dont 1 400 000 m³ en forêt relevant du régime forestier. Il s'agissait essentiellement de feuillus de qualité – chêne et hêtre ; le volume représentait près de quatre fois la récolte annuelle de l'ensemble du département des Vosges.

Là encore, comme en Bretagne en 1987 ou en Auvergne en 1982, l'effort maximum a été fait par les personnels de l'Office National des Forêts pour évacuer et commercialiser ces bois dans les meilleures conditions. Dès le début de 1986, les forestiers vosgiens commençaient l'une des plus belles opérations de reconstitution de forêt dans l'histoire de la foresterie.

Il s'agissait, ni plus ni moins, que de repenser totalement la couverture forestière de 3 450 ha dont 1 600 ha en forêt domaniale et 1 850 ha en forêt communale. Le financement était assuré, pour les premières, par l'Office National des Forêts et pour les secondes, par les communes propriétaires aidées par l'État et par le Fonds forestier national. L'aspect technique de l'opération a demandé beaucoup d'efforts et de persévérance.

Il a fallu d'abord dégager les sols encombrés des souches d'arbres déracinés. Cela s'est fait soit par arasement des souches à la lame Rome ou destruction à la pelle Becker, soit par renversement des souches et remblaiement des trous. Puis une préparation du sol par labour, souvent en billons, a suivi et les plantations ont pu être exécutées selon un choix d'essences déterminé après étude des stations, des essences préexistantes et des souhaits des propriétaires.

Près de 5 millions de plants ont été mis en place en cinq ans grâce aux efforts et à une bonne coordination de la part de la Sècherie de la Joux produisant les graines et des pépiniéristes cultivant et livrant les plants en temps opportun.

Dès 1991, les travaux de premier établissement étaient terminés avec un taux de reprise excellent. Ensuite, ont suivi les entretiens indispensables, manuels, mécaniques ou chimiques, ainsi que les protections contre le gibier.

Ces reboisements spectaculaires auront coûté près de 85 millions de francs (non compris les coûts de personnels) soit 38 millions de francs à l'ONF et 47 millions de francs aux communes.

Aujourd'hui cette jeune forêt, essentiellement feuillue, sur près de 4 000 ha constitue une mine de renseignements sur les techniques de reconstitution et sur le comportement des essences utilisées. Elle est aussi le témoignage d'une volonté de réagir contre l'adversité et les pièges de la nature : volonté largement partagée par l'État, les collectivités territoriales, les communes forestières, tous les professionnels de la filière-bois et – bien sûr – les populations locales et les forestiers.

Après la tornade de juillet 1984, forêt domaniale de Darney, Vosges

Reboisement, mai 1992 forêt domaniale de Darney

Même plantation, mai 1994

Jean-Pierre Barbier

«Arrivé au niveau de Hennecourt, j'ai vu ce spectacle apocalyptique : les maisons n'avaient plus de toit, le clocher du village était tombé dans le cimetière. A l'horizon on apercevait la forêt toute en dents de scie. Impossible d'y pénétrer, toutes les voies d'accès étaient obstruées par les branches et les arbres. J'ai passé ma journée et les suivantes, ainsi que mes collègues, à aider les villageois. Un quart de la forêt de mon triage a été détruit. Un collègue voisin a eu son triage complètement rayé de la carte, il en a été profondément choqué. Désormais dans le couloir de la tornade, le sécateur a remplacé le marteau. La tornade a eu un côté positif. Après la remise en état, on a vu des espèces rares s'installer comme le hibou des marais et le busard cendré.» •

A propos de la tornade de 1984 dans les Vosges

Agent technique forestier à Dompaire (Lorraine)

ÉVÉNEMENTS

1967 12-13 mars et 25 mai. Deux tempêtes prennent la France en écharpe. 2 500 000 m³ sont renversés en forêt soumise. (800 000 m³ dans le seul département des Vosges). 4 millions de francs sont consacrés au reboisement de 2 300 ha en forêt domaniale.

1976 Une sécheresse exceptionnelle sévit, les jeunes reboisements sont détruits. Les incendies font rage, 88 000 ha de forêts sont parcourus par le feu.
Un plan de quatre ans permettra de reconstituer en forêt domaniale 2 500 ha détruits par le feu, et 7 000 ha victimes de la sécheresse.

1982 6 et 7 novembre une tempête renverse 6 000 000 de m³ en Auvergne dont 1 500 000 de m³ dans les forêts relevant du régime forestier. De 1984 à 1989, l'ONF reconstituera 2 500 ha de forêts appartenant aux collectivités et 1 950 ha de forêts domaniales.

1985 Grave dépérissement de pins maritimes suite à un hiver particulièrement rigoureux.

1987 15 et 16 octobre une tempête ravage les forêts de Bretagne et d'une partie de la Normandie et de la Picardie. Pour la seule Bretagne 6 000 000 de m³ sont renversés, 60 millions de francs seront consacrés par l'ONF à la reconstitution de 2 170 ha.

1989 et 1990 Deux années noires au cours de chacune desquelles plus de 70 000 ha de forêts partiront en fumée. La Sainte-Victoire est parcourue par le feu. Les massifs des Maures, des Calanques sont gravement endommagés. En 1994 s'achèvera un plan de reconstitution portant sur 4 000 ha pour un montant de 45 millions de francs.

1989 Le cyclone Hugo dévaste la Guadeloupe et endommage gravement les plantations de mahogany.

1990 En février une succession de tempêtes s'abattent sur les forêts du nord-est de la France et de l'ouest de l'Europe. Elles provoquent des dégâts énormes (plus de 100 millions de m³ de chablis). On dénombre 6 millions de m³ dans les forêts publiques françaises. 75 millions de francs sont consacrés à la reconstitution de 3 360 ha de forêts domaniales détruits et à la réfection de 110 km de routes forestières.

1992 -1993 - 1994 Des précipitations d'automne d'intensité exceptionnelle provoquent d'importantes dégradations sur les routes forestières. Ces très fortes pluies touchent les régions méditerranéennes, Rhône-Alpes et Midi-Pyrénées. L'Office mobilise les moyens nécessaires – plus de 36 millions de francs en trois ans – à la réfection du réseau routier et des ouvrages d'art endommagés.

LA FORÊT DE BAVELLA A TRENTE ANS

En 1960, la forêt domaniale de Bavella en Corse est en partie dévastée par le feu. En 1965, commence alors une importante entreprise de reconstitution d'une forêt, qui s'inscrit aujourd'hui dans un site mondialement connu. Comme l'ONF, ces reboisements ont trente ans.

La forêt domaniale de Bavella est située dans un site somptueux, cernée par les fameuses «aiguilles de Bavella», sorte de crêtes en dentelle. Elle couvre près de mille hectares. En 1960, c'est le drame. Un incendie se déclare. Poussé par des vents violents, le feu parcourt deux mille hectares du cirque de Bavella. En un après-midi, il détruit les peuplements de pins maritimes et de chênes verts. Seule la partie haute de la forêt est relativement épargnée.

UN CHANTIER POSSIBLE GRÂCE AU NOUVEL OFFICE

Les premiers travaux après l'incendie, sont réalisés par les Eaux et Forêts. Les bois sont martelés et vidangés, le pacage qui se développe sur les terrains en friche stoppé. Des premiers essais de démaquisage et de reboisement en pin maritime sont entrepris. L'ONF décide d'engager les actions de reconstitution du massif. La difficulté de réalisation des travaux en montagne impose un coût non négligeable que les Eaux et Forêts n'auraient probablement pas pu supporter. Ce chantier est le premier chantier de reconstitution du tout nouvel Office et le premier de cet ampleur en Corse.

DES TRAVAUX IMPRESSIONNANTS

Le terrain accidenté et les sols fertiles ont donné naissance après l'incendie à un maquis envahissant. Les forestiers décident de créer des banquettes démaquisées de 3,50 m de large. En matière de prévention, ils optent pour un quadrillage de pare-feux feuillus, essentiellement plantés en châtaigniers. Les travaux durent cinq ans. Au total 121 ha sont reboisés en banquettes avec principalement du pin maritime et du pin laricio. En tout, plus de 130 000 plants sont mis en terre.

L'ENTRETIEN ET LA PROTECTION DE LA JEUNE FORÊT

Aujourd'hui, la forêt est encore jeune et fragile. La fréquentation touristique est forte, imposant une surveillance accrue pendant l'été.
L'ONF assure aussi un entretien régulier des peuplements. Chaque année, les sous-bois de châtaigniers et de pins maritimes sont démaquisés. La prévention reste la grande préoccupation des forestiers.

«*Qui croirait maintenant avoir devant les yeux une forêt plantée ? La plupart des touristes qui visitent le site croient avoir à faire à une forêt naturelle. C'est un argument en faveur des reboisements en banquettes.*»

Félix Paolacci
ingénieur forestier, aujourd'hui en retraite, responsable du chantier de reconstitution de Bavella.

COMPTER AVEC LE TEMPS

Ahmed Boughellala

«*Avant, on travaillait manuellement. On transportait les cagettes sur le dos pour faire les plantations. Depuis, on a creusé des routes qui desservent les parcelles à planter. Les camions y passent, les dangels, les pompiers. On est très fier de notre travail. Notre souhait le plus cher serait qu'on embauche nos enfants ou d'autres enfants européens pour continuer notre travail, pour débroussailler et protéger la forêt, pour prévenir les feux, pour construire des routes, pour créer des pare-feux comme celui que nous créons en ce moment.*» •

Ouvrier de l'ONF dans l'Hérault (Languedoc-Roussillon)

Reboisement en terrasses après l'incendie de 1960, forêt domaniale de Bavella, Corse

COMPTER AVEC LE TEMPS

LA LONGUE CHAÎNE DES FORESTIERS

La création, en 1966, de l'Office National des Forêts, s'inscrit dans la continuité d'une longue histoire. En effet, dans sa mission de gestion de la forêt publique, l'Office National des Forêts assume l'héritage de la très ancienne administration des Eaux et Forêts, ébauchée sous Philippe IV le Bel, organisée par Philippe VI de Valois, affermie par Louis XIV, rénovée et confortée par Charles X.

En assurant conjointement la conservation et la mise en valeur de la forêt publique, les forestiers de l'Office poursuivent une œuvre séculaire en perpétuelle évolution, afin de pouvoir répondre, sans jamais compromettre l'avenir de la forêt, à une demande sociale en continuel changement.

Chêne remarquable, forêt domaniale de Fontainebleau, Seine-et-Marne

On a cru d'abord que la forêt était suffisamment vaste pour répondre sans limite aux besoins des hommes. Puis lorsque la crainte «d'une disette de bois» devint une préoccupation majeure, une réglementation destinée à sauvegarder la forêt prit naissance. L'application en fut confiée à des fonctionnaires spéciaux : les forestiers.

LES ORDONNANCES

En 1291 pour la première fois, une ordonnance de Philippe IV le Bel fait état des «Maîtres des Eaux et Forêts». C'est Philippe VI de Valois qui dans l'Ordonnance de Brunoy, en 1346, organise l'Administration des Eaux et Forêts chargée de la conservation du domaine royal. De 1515 à 1518 François Ier prend une série d'ordonnances sur le «faict des Eaux et Forêts» pour «le commun profit du royaume». En 1669 Louis XIV édicte la fameuse ordonnance préparée par Colbert. Ce «monument administratif» organise la gestion du domaine royal et constitue un règlement de police générale de l'économie forestière.

LES TEMPS MODERNES

La création de l'Ecole forestière de Nancy (1823) et la promulgation du Code forestier (1827) constituent le socle sur lequel s'appuiera un développement forestier remarquable, poursuivi jusqu'en 1914. Forêts domaniales et forêts communales sont gérées par l'Administration forestière.
Dans les années qui suivirent la seconde guerre mondiale, cette administration ne bénéficie pas de crédits budgétaires annuels suffisants pour assurer l'entretien, le renouvellement et la mise en valeur des forêts publiques.

LA CRÉATION DE L'OFFICE NATIONAL DES FORÊTS

Permettre à la forêt domaniale et à l'ensemble des forêts publiques de bénéficier de moyens renforcés pour assurer une gestion forestière ambitieuse, tel était le but poursuivi par la création de l'Office National des Forêts, établissement public national doté de la personnalité civile et de l'autonomie financière.
L'affectation à l'ONF du produit des forêts domaniales devait permettre à l'Établissement de gérer d'une manière dynamique le domaine de l'État grâce à un important réinvestissement. En 1966 le jeune Office National des Forêts, en prenant en charge la gestion d'un domaine, fruit d'une longue gestion patrimoniale, s'inscrivait dans la continuité, en même temps qu'il devait innover face à une situation nouvelle. Les réalités de 1996 répondent-elles aux attentes de 1966 ? Les bilans des différentes activités de l'ONF, dressés par ailleurs, permettent à chacun d'en juger, et sans doute de conclure que ces trente années ont bien été «l'aventure pleine de promesses» qu'évoquait Michel Jobert, le premier Président de son Conseil d'administration.

Futaie de chênes, forêt domaniale d'Orléans, Loiret

INDICATEURS

A sa création en 1966, l'Office compte 6 500 fonctionnaires et assimilés. Ce nombre est passé à 7 130 en 1995.

●

En 1967, 25 stagiaires sont accueillis à Mirecourt dans le premier centre de formation organisé par l'ONF. En 1995, le Centre national de formation forestière a reçu 3 600 stagiaires.

●

180 chefs de district sont promus en 1968 dans le nouveau corps des techniciens forestiers. En 1995, 1 300 techniciens forestiers œuvrent à l'Office National des Forêts.

●

Les véhicules de liaison sont au nombre de 500 en 1970. Vingt-cinq ans plus tard, 4 700 véhicules de liaison sont en service et le taux de motorisation des postes de terrain atteint 80%.

●

Le corps des attachés administratifs compte actuellement 134 personnes. Ils étaient 7 lors de sa création en 1974.

●

En 1989, les activités internationales de l'Office National des Forêts se sont traduites par l'exécution de 4 missions dans quatre pays différents. En 1995, 40 personnes ont effectué 30 missions internationales dans 16 pays et le chiffre d'affaires a atteint 14 millions de francs.

●

1984 : lancement de l'informatisation à l'Office National des Forêts.

INDICATEURS

1995 : le réseau mini-informatique relié par transpac compte 112 mini-ordinateurs équipant 2 sites centraux et 104 sites principaux. Le parc informatique comprend 2 200 micro-ordinateurs.

●

1970 : la recherche-développement est conduite par 3 ingénieurs et un personnel d'accompagnement. 1995 : 18 ingénieurs, 16 techniciens et 3 personnels d'accompagnement se consacrent à plein temps à la recherche-développement.

●

Murièle Perron

«Ce qui a marqué le plus mon travail et l'ONF ces dernières années, c'est l'arrivée de l'informatique. Cela a bouleversé notre façon de travailler. Cela nous a permis de travailler plus vite, mieux, d'approfondir les choses.» ●

Secrétaire administratif à Orléans (Centre)

Michel Denuit

« Mon métier, c'est avant tout une passion avec une affection particulière pour la sylviculture du chêne et la gestion de la chasse. C'est une action continue en étroite symbiose avec le milieu naturel et un échange permanent avec les professionnels, les élus …. C'est un rôle d'animateur et de synthèse. » •

Chef de groupe technique à Broin (Bourgogne)

Zoom

Ordonnance de Brunoy (1346)
Article IV

«Les Maîtres des Forêts enquerront et visiteront toutes les forêts et bois qui y sont et feront les ventes qui y sont à faire, eu regard à ce que lesdites forêts et bois se puissent perpétuellement soutenir en bon état».

Ordonnance de Colbert (1669)
Article II

Déclarons faire partie de la matière qui leur (les Officiers des Eaux et Forêts) est attribuée, toutes questions qui seront mues pour raison de nos Forêts, bois, buissons et garennes, assiettes, ventes, coupes, délivrances et recollements, mesures, façon, défrichements ou repeuplements de nos bois, et ceux tenus en grurie, grairie, segrairie, tiers et danger, apanage, engagement, usufruits et par indivis, usages, communes, landes, marais, patis, pâturage, paissons, glandée, assiette, motion et changement de bornes et limites dans nos bois.»

Promulgation du Code forestier (1827)

Titre premier. *Du régime forestier.*
Art. 1er. Sont soumis au régime forestier, et seront administrés conformément aux dispositions de la présente loi,
1° Les bois et forêts qui font partie du domaine de l'État ;
2° Ceux qui font partie du domaine de la Couronne ;
3° Ceux qui sont possédés à titre d'apanage et de majorats réversibles à l'État ;
4° Les bois et forêts des communes et des sections de commune ;
5° Ceux des établissements publics ;
6° Les bois et forêts dans lesquels l'État, la Couronne, les communes ou les établissements publics ont des droits de propriété indivis avec des particuliers.

Loi n° 64-1278 du 23 décembre 1964

Art.- 1er - Il est institué un établissement public national à caractère industriel et commercial, doté de la personnalité civile et de l'autonomie financière, dénommé «Office National des Forêts» et placé sous la tutelle du ministre de l'Agriculture. Cet Office est chargé, dans les conditions définies par la législation et la règlementation applicables au domaine forestier de l'État et dans le cadre des arrêtés d'aménagement prévus par l'article 15 du Code forestier, de la gestion et de l'équipement de celles des forêts appartenant à l'État qui figurent sur une liste fixée par décrets pris sur le rapport du ministre de l'Agriculture et du ministre des Finances et des Affaires économiques, ainsi que des terrains à boiser ou à restaurer appartenant à l'État et figurant sur la même liste.

Installation du Conseil d'administration de l'Office National des Forêts (6 janvier 1966)
Extrait de l'allocution de M. Pompidou, Premier ministre

«… Je vous remets quelque chose d'extrêmement important : pour le pays et pour les populations d'aujourd'hui, surtout pour celles qui suivront notre génération et qui auront besoin, compte tenu de l'évolution de l'urbanisation, plus encore que nous, de trouver dans la forêt, outre une exploitation indispensable pour l'industrie moderne et pour le commerce, une évasion vers la nature et vers des paysages respectés.»

Personnel des Eaux et Forêts de l'inspection de Fontainebleau au début du siècle

COMPTER AVEC LE TEMPS

Marie Brunet

«*La façon de gérer le budget a bien changé. Avant, tout se faisait au coup par coup. Désormais tout est bien ciblé, les données sont mieux connues, le dialogue plus honnête. L'évolution souhaitée ? Un peu plus de liberté dans les domaines où c'est possible.*» •

Chef des services administratifs à Strasbourg (Alsace)

ZOOM

De l'administration à l'entreprise publique

Le milieu des années 80 marque une forte rupture avec les années de croissance et de développement des deux premières décennies de l'Office. Pour la première fois, l'ONF connaît d'importants déficits. Le choc va être rude pour l'Établissement et pour tous les forestiers. D'importantes mesures de rigueur sont adoptées : les moyens financiers sont limités, et les effectifs sont réduits. Cette grave crise met en évidence la nécessité pour l'ONF de se moderniser et de s'adapter à un environnement devenu plus exigeant. Une réforme des structures est conduite en vue de réduire le nombre d'échelons hiérarchiques. A partir des années 1990, les outils de gestion et de management sont fortement modernisés. L'ONF engage une démarche stratégique, met en place une comptabilité analytique et un contrôle de gestion, décentralise les budgets auprès des régions, réforme les procédures comptables et budgétaires. Un effort sans précédent est mené en matière de formation, les entretiens annuels sont mis en place, la communication se développe. Ces bouleversements remettent en cause bien des méthodes et des habitudes, mais l'ONF opère une formidable mutation nécessaire à la poursuite de ses missions.

ÉVÉNEMENTS

1966 6 janvier, à l'Hôtel Matignon : installation du Conseil d'administration de l'ONF par le Premier ministre.

1968 Création du Corps des techniciens forestiers de l'ONF.

1970 Installation à Velaine-en-Haye du Centre de formation des chefs de districts puis des techniciens. Cet organisme deviendra en 1982 Centre national de formation forestière de l'ONF accueillant tous les catégories de personnels de l'ONF en formation de base et formation continue.

1973 Mise en place des premières unités de forestiers-sapeurs dans les Bouches-du-Rhône, les Alpes-Maritimes, et en Corse.

1974 Création du Corps des attachés administratifs de l'ONF.

1981 Intégration dans les structures de l'ONF du service de Restauration des terrains en montagne.

1981 Mise en place du Comité central d'entreprise et des comités régionaux d'établissement pour les ouvriers forestiers de l'ONF.

1984 Equipement en mini-informatique de tous les services extérieurs de l'ONF.

1986 Création des Sections techniques interrégionales de recherche qui relaient l'action de la section technique instituée en 1970.

1989 Lancement de la démarche sratégique à l'Office National des Forêts concrétisant l'ouverture de l'Etablissement aux interventions dans le domaine concurrentiel, et aux actions internationales.

1993 Le ministère de l'Agriculture et le ministère de l'Environnement exercent conjointement la tutelle de l'Office National des Forêts.

Daniel Depierre

«*Pouvait-on imaginer lors de la création de l'ONF, qu'un agent technique, un chef de secteur ou une secrétaire quittent leur travail pour aller suivre une session de formation ?... Un telle éventualité était presque impensable tant du point de vue des services que de celui des personnes elles-mêmes !...Or aujourd'hui, quel est le forestier qui, au cours de son parcours professionnel, n'a jamais «mis les pieds» au Centre national de formation forestière ou n'a jamais participé à une session de formation en dehors de son lieu de travail ?* » •

Chef du département de la Formation professionnelle

Jean Casorati

«*Dès mon arrivée en 1966, je me suis passionné pour les situations juridiques souvent insolites qui caractérisent notre maison ; des sinistres les plus dramatiques aux anecdotes les plus inattendues, souvent dignes de "Clochemerle"... Mais cela a bien changé et même si c'est moins drôle, c'est tout aussi passionnant, les quelques déceptions passagères ne parvenant pas à faire oublier les joies profondes.*» •

Chef du département Juridique et Immobilier de l'ONF

L'indicible forêt

François Chilowicz
Cinéaste
Réalisateur de «Chronique de la forêt des Vosges»

Au cours de mes tournages dans les Vosges, j'ai pu découvrir l'univers des hommes de la forêt. Très vite, il m'est apparu que j'appréhendais un mode de vie complexe, animé par une population très fine et subtile, avec ses codes et ses sensibilités...

Geste après geste, avec une redoutable patience, ils construisent et reconstruisent la forêt d'aujourd'hui, de demain et d'après-demain.

La forêt est proliférante. Cela fait maintenant plusieurs siècles que, dans les Vosges, l'homme a appris à maîtriser ses assauts. Abattre un arbre constitue davantage un acte constructif qu'un acte destructif. Cela assure le faste et la richesse des forêts des siècles prochains...

Mais les hommes sont petits dans une forêt comme les Vosges. Leur tâche de régénération est un travail de fourmi, qui ne prend jamais fin et résulte de la somme d'une multitude de petits gestes quotidiens, qu'il faut reproduire perpétuellement. C'est bien parce que les gardes forestiers, les gardes-chasse, les bûcherons, les débardeurs et autres grumiers savent voir la forêt avec un intérêt sans cesse renouvelé, c'est bien parce qu'ils savent puiser du sens dans chaque événement offert par elle au fil des jours, qu'ils peuvent résister à l'usure et à la fatigue. C'est bien parce que la forêt est pour eux synonyme de liberté et d'imaginaire, qu'ils savent toujours trouver de l'enthousiasme pour effectuer un travail long et difficile, tous les jours et par tous les temps. La force de l'habitude fait que leur imaginaire sait se nourrir d'une lumière, de la venue d'une biche qui les observe ou de l'émergence d'une plante inattendue.

Car la forêt les nourrit, en tous points de vue. Elle leur donne une échelle des valeurs et des temps, leur communique une certaine sagesse qui accompagne l'effort imposé par leurs tâches. Elle leur est une source inépuisable d'émerveillement, comme peut l'être la montagne pour un alpiniste ou l'océan pour un marin au long cours...Il s'établit ainsi un lien fort entre les hommes et «leur» forêt. Elle façonne leurs tempéraments.

Durant les longues périodes de silence qui rythment la journée d'un bûcheron (même quand ils travaillent en équipe, ils ne se parlent que peu), on sent bien que leur esprit n'est pas en reste. Parfois, ils élaborent des stratégies pour effectuer de bonnes coupes, d'autres fois ils rêvent de forêt... Cette activité cérébrale, qui s'associe au travail physique, échappe aux mots, elle se passe dans l'indicible. On ne peut les comprendre vraiment qu'à travers leur propre langage, qui est très sensitif. Il passe par des gestes et des regards, par une façon de sentir l'air ou de faire une pause dans le travail, par des paroles simples et rapides qu'ils échangent parfois entre eux, par ce qui change en eux au fil des saisons et ce qui demeure comme une constante...

Ils ont la connaissance et l'intuition de la forêt, non pas seulement au nom d'une tradition millénaire, mais plus simplement parce que c'est leur métier, leur passion et leur cadre de vie. Ils savent nous la faire comprendre sans parole ni revendication. Dans le cadre du relatif trouble de notre époque, où les revendications écologistes se perdent quelquefois dans des voies obscures ou politiques, leur approche est simple et sensible, comme sait parfois l'être le réel, avec ses mystères et ses secrets... •

TERRITOIRES ET PAYSAGES

TERRITOIRES ET PAYSAGES

TERRITOIRES ET PAYSAGES

Les forestiers s'occupent de forêts. Mais aussi de dunes et de rochers, de marais, de berges, parfois de routes et encore de parcs. Ils ont pour mission de préserver la richesse des milieux et la diversité de la vie. Leur action contribue à la beauté et à la qualité des paysages. Qu'il s'agisse de bois, de tourisme, de protection contre les risques naturels ou d'usages plus traditionnels, ils répondent aux besoins d'une société qui évolue. En zone rurale ou près des villes, en montagne, en plaine, en région méditerranéenne ou sous les tropiques, ils gèrent un patrimoine inestimable qui porte autant la marque de la nature que celle des hommes. C'est à la vie actuelle et future des territoires qu'ils participent.

TERRITOIRES ET PAYSAGES

PORTRAITS DE FORÊTS

La forêt française est diverse et variée. A la grande diversité écologique qui caractérise nos terroirs et se reflète dans la flore et la faune, dans les milieux naturels, et bien entendu les forêts, vient s'ajouter la variété liée aux hommes : l'histoire, la grande histoire de notre pays comme la plus petite, laisse sur la forêt une empreinte profonde. Cette diversité est encore amplifiée par les millions d'hectares de forêts tropicales, dans les départements d'outre-mer, au total deux fois plus de surface qu'en France métropolitaine.

Tourbière du Luitel, gérée par l'ONF, première Réserve naturelle nationale créée en 1961 sur la commune de Séchilienne (Isère)

TERRITOIRES ET PAYSAGES

INDICATEURS

L'ONF gère 4,5 millions d'ha de forêts et d'espaces naturels en France métropolitaine dont 1,8 million d'ha de terrains domaniaux et 2,7 millions appartenant à des collectivités ou à des établissements publics. Outre-mer, l'ONF gère 8 millions d'ha de forêts tropicales.

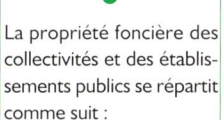

●

La propriété foncière des collectivités et des établissements publics se répartit comme suit :
– forêts régionales, 6 374 ha ;
– forêts départementales, 27 761 ha ;
– forêts communales, 2 347 226 ha ;
– forêts sectionales, 195 182 ha ;
– forêts d'établissements publics, 79 627 ha.

●

Les formations non forestières représentent 12% des terrains gérés : marais et tourbières, étangs, lacs et mares, pelouses, rochers, neige et glace, dunes et landes, maquis et garrigues.

●

Les peuplements feuillus représentent 61% des peuplements gérés, les peuplements résineux 39%.

●

Les grands types de traitements des forêts se répartissent :
– en futaie, 60%
– en taillis et taillis sous futaie, 8%
– en taillis sous futaie en conversion, 23%
– hors sylviculture, 9%.

●

Les essences prépondérantes sont le chêne, rouvre (18%) ou pédonculé (15%) et le hêtre (21%).

UNE FOULE DE PROPRIÉTAIRES AUX ATTENTES DIFFÉRENTES

A côté de l'État, propriétaire unique des 1,7 million d'hectares de forêt domaniale, on trouve plus de 10 000 communes forestières, parfois urbaines, mais le plus souvent rurales, nombreuses en montagne et dans le quart nord-est du pays ; et il y a aussi 3 800 forêts appartenant à des sections de communes, très répandues en particulier en Auvergne et souvent très petites. L'Office gère encore 80 000 ha de forêts appartenant à 600 établissements publics, et même quelques forêts privées à la demande de leur propriétaire.

Les uns attendent de la forêt des recettes pour leur budget, d'autres un patrimoine naturel ou touristique à valoriser ; d'autres encore veulent satisfaire des besoins traditionnels comme l'affouage ou la chasse. Tous souhaitent aussi préserver un cadre naturel beau et attrayant.

DES MILIEUX ÉCOLOGIQUEMENT VARIÉS

Par le jeu du climat, du relief et des sols, la diversité des forêts françaises est immense.
– Forêts de plaine : hêtres et chênes y dominent, ponctués d'essences disséminées ; les pins occupent souvent les stations les plus pauvres.
– Forêts de montagne, domaine des conifères : sapins mêlés aux hêtres, épicéas, pins, mélèzes, chacun à une place déterminée par l'altitude et l'exposition.
– Forêts méditerranéennes aux senteurs de garrigue ou de maquis, si particulières.
– Forêts alluviales ou ripicoles, à la végétation foisonnante.

DES PEUPLEMENTS HÉRITÉS DE L'HISTOIRE

Compromis historique entre les énormes besoins de bois de feu des siècles passés et ceux aussi pressants de bois de construction, le taillis sous futaie marque encore partout le paysage. Aux prestigieuses futaies du domaine royal sont venues s'ajouter celles issues des conversions entreprises au XIXe siècle. Les futaies résineuses de nos montagnes sont souvent le fruit des efforts persévérants de nos devanciers de la restauration des terrains en montagne. Et n'oublions pas les forêts ravagées par les guerres dont les zones de combat gardent encore des cicatrices bien visibles.

ET LA FORÊT SANS ARBRES ?

Elle existe aussi, bien sûr. L'Office veille sur des dizaines de milliers d'hectares de milieux naturels dépourvus d'arbres ou presque : landes et tourbières, garrigues et maquis, pelouses et pierriers de montagne, dalles et falaises rocheuses, et aussi clairières, étangs et marais qui viennent diversifier nos massifs. Ces 12% de l'espace géré par l'ONF, présentent souvent des caractéristiques écologiques remarquables.

Pins d'Alep, mont Faron, Var

Chênes-lièges dans le massif des Maures

Jacques Valeix

« Travailler en forêt méditerranéenne conduit à faire un tour d'horizon presque complet des missions forestières. Ainsi dans le Var, à l'enjeu majeur de défense des forêts contre l'incendie, s'ajoutent la nécessaire protection foncière, la conservation de la diversité biologique, la préservation de paysages sensibles et renommés, la mise en œuvre de techniques complexes comme le sylvopastoralisme, l'aménagement et l'animation de l'espace en vue de l'accueil du public, la surveillance des sites les plus fréquentés, toutes activités qui ont un impact significatif en matière d'emploi et d'aménagement du territoire. Ici, tout semble en effervescence, les partenariats sont multiples, nous avons presque l'impression d'être sur un front pionnier. » ●

Chef du service départemental du Var

TERRITOIRES ET PAYSAGES

ÉVÉNEMENTS

1967
L'État acquiert le massif des Trois-Pignons contigu à la forêt de Fontainebleau. Ce massif est intégralement constitué à la suite d'une déclaration d'utilité publique de 1967, une grande «première» en France, contestée puis confirmée en 1974. Pendant près de 15 ans, l'État a acquis 5 400 parcelles couvrant 2 570 ha appartenant à plus de 2 000 propriétaires.

1971
La forêt de Montmorency devient propriété de l'État. A la suite d'une déclaration d'utilité publique de 1971, 1 100 ha ont pu être ajoutés au noyau initial acquis entre 1933 et 1971 par acquisitions amiables.

1971
L'État devient propriétaire de l'immense domaine d'Arc-en-Barrois soit environ 10 600 ha, propriété des héritiers de la famille de Guise. Le premier aménagement est essentiellement à but cynégétique. En 1992 un nouvel aménagement privilégie la conversion en futaie de hêtre, chêne rouvre et feuillus divers. Le hêtre d'Arc-en-Barrois, très blanc, est l'un des tout premiers crus français.

1975
Acquisition de la forêt de Notre-Dame à 20 km de Paris. 2 000 ha ont été soustraits par déclaration d'utilité publique à l'urbanisation grâce à une décision du Premier ministre en 1971.

ÉVÉNEMENTS

1979
Un nouveau Code forestier est ratifié. Il réalise la synthèse d'un siècle et demi de législation et réglementation forestière. Il substitue à la codification de 1827, une codification nouvelle distinguant entre partie législative et partie réglementaire.

1980
Une circulaire ministérielle prévoit la soumission au régime forestier d'une partie de la zone littorale des Antilles dite «des cinquante pas géométriques». C'est 65% du littoral martiniquais qui sera ainsi remis en gestion à l'ONF de 1981 à 1983.

1985
La loi forestière du 4 décembre 1985 dans son article 1er affirme le caractère d'intérêt général qui s'attache à la protection et à la mise en valeur de la forêt française.

1995
En région Limousin, la superficie des forêts publiques gérées par l'Office atteint plus de 30 000 ha. C'est le résultat d'un politique importante d'extension des forêts publiques menée par l'État depuis 1965, date à laquelle la superficie se situait à 13 000 ha.

En haut, futaie mélangée de hêtres et de sapins, forêt domaniale de la Verrière du Gros Bois, Doubs

A gauche, forêt domaniale de Boulogne, Loir-et-Cher

A droite, fougère arborescente, forêt domaniale du Mozé, Martinique

30 ans de passion

TERRITOIRES ET PAYSAGES

ZOOM

L'Office et la forêt des tropiques

Les forêts des départements d'outre-mer, confiées à l'Office, sont bien différentes des forêts métropolitaines par leur complexité, leur végétation exubérante aux formes insolites. On distingue deux grands ensembles :
• La Guyane : morceau de l'immense sylve amazonienne, presque inhabitée, mais réservoir d'une exceptionnelle diversité biologique encore incomplètement explorée, laboratoire naturel pour les scientifiques, très peu accessible, et dont l'essentiel est destiné à rester hors de toute exploitation.
• Les départements insulaires Guadeloupe, Martinique et Réunion : îles volcaniques densément peuplées où la forêt ne subsiste que sur les flancs montagneux. Les contrastes climatiques, par le jeu de l'altitude et de l'exposition aux vents marins y sont extrêmes, créant une grande variété de milieux, de la brousse épineuse à la forêt pluviale.
Si la production de bois y est extrêmement modeste, les fonctions écologiques de protection et de réserve de diversité biologique sont essentielles, et leur vocation récréative et touristique en plein développement.

Vue aérienne du mont Grand-Matoury, Guyane

Futaie de mahogany, Guadeloupe

Platière, massif des Trois-Pignons, forêt domaniale de Fontainebleau

Corinne Tallon

« Je viens en forêt de Moulière pour y trouver le calme et le repos. J'apprécie surtout la forêt à l'automne pour la couleur de ses feuilles, les champignons, le brame du cerf. Ici, d'une parcelle à l'autre on trouve des chênes, des pins ou des douglas, à certains endroits une dominante de houx. J'aime traverser les parcelles couvertes de fougères, les parfums sont très agréables. » •

Hôtesse d'accueil
à Montamisé (Vienne)

Forêt de Russy, Loir-et-Cher

Portraits de forêts

TERRITOIRES ET PAYSAGES

DES MILIEUX VIVANTS

Une forêt vivante, pour le gestionnaire des forêts publiques, cela signifie des peuplements adaptés à leur milieu, sains et vigoureux. Cela veut surtout dire préserver l'hétérogénéité et la diversité propres au vivant, protéger les habitats, assurer le maintien, parfois la survie ou la réintroduction des espèces animales et végétales qui peuplent nos forêts. Conscient de ses responsabilités à cet égard, l'Office a défini une politique générale pour conserver la biodiversité et protéger plus spécialement les milieux ou habitats fragiles.

Vautour fauve

TERRITOIRES ET PAYSAGES

INDICATEURS

Le réseau des réserves biologiques comprend au moins 28 espèces végétales et 130 espèces animales protégées au niveau national.

●

85% des zones à grand tétras dans les Vosges sont en forêt publique.

●

3% des terrains gérés par l'Office sont en site classé et 4,5% en site inscrit.

●

17% des surfaces gérées par l'ONF sont en zone naturelle d'intérêt écologique, faunistique et floristique de type I et 32% en ZNIEFF de type 2.

●

23% des zones centrales de parcs nationaux sont constituées de forêts et d'espaces gérés par l'ONF.

●

Le nombre des grands animaux en forêt publique est croissant. En vingt ans la population de cerfs a doublé, celle de chevreuils a triplé.

●

UNE POLITIQUE ORIGINALE

L'Office a élaboré progressivement une politique d'ensemble de conservation des richesses biologiques des milieux forestiers naturels. Cette politique considère que la préservation de la diversité est l'affaire de tous, partout, dans la gestion courante, sans être exclusivement réservée à quelques territoires spécialisés. Les objectifs de protection peuvent être associés aux objectifs de gestion, la hiérarchisation des objectifs et le zonage sont effectués par les aménagistes.

DES MESURES INTÉGRÉES DANS LA GESTION

Dans la gestion courante, cette politique se traduit par des précautions et des recommandations simples telles que la priorité à la régénération naturelle, aux mélanges d'essences, à la conservation d'arbres creux, de clairières,...
Certaines espèces remarquables mais dispersées, ou certains habitats étendus, appellent une protection particulière. Dans ce cas, l'Office est amené à mettre au point des guides spécifiques de gestion pour ces milieux, tourbières, pelouses, ou ces espèces, tétras, rapaces...

UNE PROTECTION RENFORCÉE SUR CERTAINS SITES

Certains milieux rares, fragiles ou d'intérêt exceptionnel peuvent requérir une gestion plus spécifique ou une protection accrue dans le but de préserver certains éléments remarquables, disséminés ou au contraire étroitement localisés. On crée alors des sites ou réserves biologiques dirigées, qui seront spécialement gérées en vue de maintenir des conditions favorables à ces éléments dignes d'intérêt.
Enfin, il peut être justifié de conserver totalement à l'abri des influences humaines directes, certains éléments les plus représentatifs des écosystèmes forestiers pour les laisser évoluer spontanément, dans un but scientifique. Ils sont alors classés en réserve biologique intégrale.

DES COLLABORATIONS SCIENTIFIQUES

Dans tous les cas, des contacts étroits sont établis avec les communautés scientifique et naturaliste pour le choix, la gestion et le suivi de ce réseau de réserves, que ce soit au niveau national avec le Muséum national d'histoire naturelle ou au niveau régional ou local.

Pierre Dardaine

«Je fais des inventaires botaniques, des descriptions de zone naturelle d'intérêt écologique et floristique. Je fais également de la prospection pour la recherche des milieux rares et des espèces qui existent ou des nouvelles qui s'installent. Ma passion qui est de comprendre le monde vivant m'apporte une certaine liberté qui me fait oublier les contraintes de la vie courante. Je suis aussi heureux de faire partie d'une sorte de confrérie scientifique. Avant les travaux en forêt se faisaient sans concertation. Désormais je vois que l'ONF a une grande volonté de protection.» ●

Botaniste bénévole de terrain
(Lorraine)

Grand tétras

Bouquetin

Des milieux vivants

TERRITOIRES ET PAYSAGES

ZOOM

Des forêts vives en grands animaux

Une forêt vivante est une forêt au peuplement animal varié, étoffé notamment en grands animaux. Dans les années soixante, les populations étaient très réduites, du fait d'une chasse excessive. L'Office a contribué à leur reconstitution par une politique délibérée rapidement entreprise (lâchers de repleuplement, plan de chasse contractuel en forêt domaniale). Les résultats ont même dépassé l'objectif : aujourd'hui, les effectifs d'animaux excèdent souvent, de beaucoup, les capacités d'accueil des massifs. Ce déséquilibre démographique ne peut être corrigé par les prédateurs naturels ; ils ont disparu. L'Office agit désormais dans quatre directions, avec la collaboration du Cemagref et de l'Office National de la Chasse :
– mise au point de méthodes fiables de suivi des populations ;
  et de leur impact sur le milieu ;
– meilleure connaissance du comportement et des besoins alimentaires des animaux ;
– adaptation de la sylviculture pour accroître la capacité d'accueil du gibier ;
– ajustement raisonné des plans de chasse.

1992
L'ONF reprend la responsabilité de la réserve du Mont-Vallier, en Ariège. Créée en 1937 pour la protection et la reconstitution du gibier de haute-montagne, c'est un territoire exceptionnel de 9 000 ha entièrement domanial étagé entre 700 et 2 838 m d'altitude.

ÉVÉNEMENTS

1970 • L'ONF fait paraître un texte sur la richesse de la faune en forêt et sur les principes à respecter pour sa bonne gestion : «Pour une forêt vivante».
• Le premier ministère chargé de la protection de la nature et de l'environnement est mis en place.

1976 La loi du 10 juillet sur la protection de la nature fait de cette préoccupation une mission d'intérêt général, instituant un ensemble de protections spéciales (espèces protégées, arrêtés de biotope,...) et un véritable droit pénal de l'environnement.

1981 Une convention entre l'ONF et les ministères de l'Agriculture et de l'Environnement, fixe les principes d'établissement et de gestion des réserves biologiques domaniales ;

1983 Le lynx est réintroduit dans les Vosges, les forestiers participent à cette opération.

1989 Dans les Vosges, en collaboration avec l'ONC, l'ONF met en place la mission «Tétras-Vosges» pour la protection du grand coq de bruyère. Dans les Pyrénées, on installe une mission «Forêt-faune pyrénéenne» qui s'intéresse particulièrement à l'isard, au grand tétras et à l'ours des Pyrénées.

1991 La loi relative à la circulation automobile des véhicules dans les espaces naturels, vient renforcer les possibilités de réprimer la circulation anarchique des véhicules tout-terrain.

1992 L'ONF publie le premier bilan écologique des forêts dont il assure la gestion.

1994 • En Auvergne, une convention avec l'État confie à l'ONF et à la Ligue de protection des oiseaux la gestion de la plus grande réserve naturelle fluviale de France, celle du Val d'Allier.
• Après la convention sur la protection de l'aigle royal dans l'Aude, l'ONF signe avec la Ligue pour la protection des oiseaux une convention pour la protection et le développement des populations d'oiseaux de nos forêts. Une enquête sur la cigogne noire est menée. En Lorraine, une étude est engagée pour connaître la répartition d'espèces d'oiseaux typiquement forestiers.
• En Martinique est mis en place le premier conservatoire des espèces forestières menacées de la forêt hygrophile à Alma.

1993 à 1995 En région Centre, L'ONF et le Conseil régional signe les «Contrats verts» pour l'inventaire des richesses floristiques, ornithologiques et faunistiques des forêts domaniales. Le travail associe l'université, les associations de protection de la nature et l'ONF.

1996 Création d'un comité scientifique consultatif sur l'avifaune auprès de la Direction générale de l'ONF.

30 ans de passion

TERRITOIRES ET PAYSAGES

ZOOM
Les réserves biologiques domaniales

Institué par une convention entre le ministère de l'Agriculture, le ministère de l'Environnement et l'ONF en date du 3 février 1991, le statut de réserve biologique domaniale (RBD) s'applique à des espaces d'intérêt biologique particulier en forêt domaniale.

Mise en place dans le cadre de l'aménagement forestier, une réserve biologique domaniale bénéficie d'un plan de gestion particulier qui détermine les mesures permettant la préservation des espèces ou des milieux remarquables ainsi protégés. Un comité scientifique consultatif de gestion assiste le gestionnaire dans la définition des interventions à mener et du suivi scientifique à assurer. Fin 1995, la surface couverte par les RBD s'élève à 14 100 ha répartis en 128 RBD en métropole et 13 010 ha pour 6 RBD dans les départements d'outre-mer. En 1995, la réserve de Lucifer-Dekou Dekou en Guyane a été créée. Elle occupe 110 300 ha. En 1986, la formule a été étendue aux forêts des collectivités locales, sous le nom de réserves biologiques forestières. Elles couvrent aujourd'hui 743 ha pour 10 réserves.

André Claude

« Depuis mon adolescence, j'ai toujours voué une passion aux insectes et plus particulièrement aux papillons. Cela m'a conduit à aller très souvent en forêt. La gestion forestière actuelle va dans le bon sens et permet à beaucoup d'espèces de se redévelopper. Cette diversité d'espèces est un gage de bonne santé du milieu. C'est cela qui m'a encouragé à venir à l'Office, il y a maintenant trois ans. Mon travail de forestier est tout à fait compatible avec ma passion pour les insectes car leur étude passe par une observation de tous les instants. » •

Agent technique forestier à Mont-le-Vignoble (Lorraine)

Jean-Paul Leroux

« La forêt est un milieu d'une grande diversité à la fois favorable à l'approche scientifique (comptages, inventaires, observations), et à la sensibilisation du public à travers diverses animations. La présence d'espèces remarquables comme le pic mar ou d'intérêt majeur comme le busard Saint-Martin, le milan noir, le faucon hobereau, le pic noir et l'engoulevent d'Europe, tout ceci justifie le classement de la forêt du Gâvre en zone importante pour la conservation des oiseaux. » •

Membre de la Ligue pour la protection des oiseaux (Pays de la Loire)

Réserve biologique, forêt domaniale de Fontainebleau

Drosera rotundifolia

TERRITOIRES ET PAYSAGES

FORÊT DES VILLES, FORÊT DES CHAMPS

Des portes des villes aux vallées les plus reculées, la forêt est présente. En zone rurale, elle reste le lieu de pratiques traditionnelles, chasse, affouage, cueillette ou encore pastoralisme. Elle fournit du bois, crée des activités. Sa superficie augmente. En zone péri-urbaine, elle accueille le plus grand nombre, qui voit en elle «la nature» par excellence. Longtemps convoitée pour l'urbanisation, elle est aujourd'hui mieux respectée. Partout, elle est un élément du paysage. Sa place dans le territoire est capitale.

Massif des Vosges, près du col de la Schlucht

TERRITOIRES ET PAYSAGES

ÉVÉNEMENTS

1964
Une circulaire du ministre de l'Agriculture prévoit l'ouverture des forêts de l'État au public.

1966
L'ONF s'engage dans l'aménagement des grands réservoirs artificiels de la Champagne humide destinés à réguler le cours de la Seine. Au départ, le projet est mal accepté par la population. Aujourd'hui, c'est l'engouement : redécouverte de la nature, essor des migrations d'oiseaux et des grands ongulés, émergence de réserves et d'un parc naturel. Le tourisme se développe.

1967
Près de Nancy, les terrains de la forêt de Haye laissés vacants par l'OTAN sont remis en gestion à l'ONF. Un syndicat mixte dont l'ONF est membre, y aménage le grand parc de loisirs de la forêt de Haye.

1967
Dans les Pyrénées, l'ONF aménage les quatre premières pistes de ski de la station de Font-Romeu.

1968
En forêt de Fontainebleau, on implante des zones de silence. Véhicules à moteur et transistors en sont bannis. En 1970, le principe des zones de silence est étendu.

LA RUÉE VERS LA FORÊT : ADAPTER LA GESTION

Il y a trente ans, les visiteurs venaient surtout pique-niquer en famille ou faire de courtes promenades. Puis, ils ont ajouté les activités de cueillette de fleurs ou de champignons, l'équitation et surtout la randonnée pédestre. Depuis peu, on voit apparaître de nouvelles activités comme les attelages de chiens ou de chevaux et on assiste à l'extraordinaire engouement pour le VTT. En forêt péri-urbaine, l'accueil du public est une fonction essentielle. Evitant une politique d'équipements lourds artificialisant la forêt et permettant l'accès des véhicules aux sites les plus intéressants, l'ONF privilégie une politique d'équipements plus légers et discrets, respectant le milieu naturel. Le rôle d'information et d'éducation du public s'est largement renforcé. Les nouvelles demandes de services et d'information se sont traduites par la création de produits touristiques appropriés : cartes IGN des forêts, visites guidées, sentiers de découverte et, derniers nés de la famille, les topoguides «VTT-évasion».

L'AFFOUAGE, UNE TRADITION TOUJOURS VIVACE

L'affouage reste encore très pratiqué notamment dans les régions de l'Est de la France. Pour les communes et pour l'Office, il permet d'assurer des exploitations de qualité pour des produits de faible valeur commerciale, d'effectuer dans de bonnes conditions économiques les opérations de relevé de couvert dans les parcelles à régénérer, et d'éclaircir sans retard les jeunes perchis. C'est aussi une occasion de contact irremplaçable avec les habitants du village. Le forestier doit alors posséder «un gant de fer dans une main de velours» : s'obliger à fixer des règles strictes, claires et peu nombreuses pour obtenir la meilleure qualité d'exploitation et les faire appliquer fermement... tout en profitant de ces instants privilégiés «au bois» pour écouter l'expression des sensibilités, des critiques, des satisfactions et, à son tour, expliquer la gestion forestière.

LA CHASSE, ÉLÉMENT CLÉ DE LA VIE RURALE

Depuis la Révolution, la chasse fait intimement partie de la vie rurale, qu'elle rythme au même titre que les saisons et les travaux ruraux. En forêt communale, elle est pratiquée pour l'essentiel par des chasseurs locaux. En forêt domaniale elle revient le plus souvent à des chasseurs citadins, et contribue à maintenir une activité touristique saisonnière qu'apprécient les aubergistes du voisinage.
L'ONF, dans le souci du meilleur équilibre faune-flore, joue un rôle important dans l'attribution des lots de chasse et dans le bon déroulement de celle-ci. Cette tâche est menée en collaboration avec les autres organismes compétents dans ce domaine, et en particulier l'Office National de la Chasse.

Equipement touristique, ville de Vitrolles, Bouches-du-Rhône

Accueil du public par un forestier

Bernard Fischesser

«Le paysage est le miroir d'une société. Il constitue un enjeu social porteur d'identités territoriales et culturelles et un atout important pour le développement économique local. Que cette nouvelle demande sociale concerne directement les forestiers n'a rien d'étonnant car la forêt constitue une des composantes essentielles des paysages français. Ainsi, l'ONF s'interroge désormais systématiquement sur la qualité visuelle de ses interventions. L'équipe du Cemagref, que je conduis, a contribué à cette prise de conscience. Notamment en paysage de relief affirmé où la forêt est particulièrement perçue. Elle a prouvé que les gestionnaires forestiers peuvent se préoccuper d'esthétique sans remettre en cause les objectifs de production et de protection des sols.» •

Chef de la division Environnement naturel et Paysage, Cemagref de Grenoble

TERRITOIRES ET PAYSAGES

ÉVÉNEMENTS

1970
L'ONF engage la transformation des peuplements de la zone rouge de Verdun. Dévastée par la première guerre mondiale, cette zone avait été, compte tenu de son état, principalement reboisée en résineux. La transformation en hêtre et feuillus précieux se fait tous les ans sur 150 ha en régénération. 4 millions de francs de travaux touristiques sont engagés pour l'accueil des 500 000 visiteurs annuels.

1971
Les premières visites guidées en forêt ont lieu sous la conduite de guides naturalistes mis à disposition par la Société nationale de protection de la nature.

1972
L'ONF crée le parc animalier de Rambouillet. Aux portes de la capitale, il offre aux citadins un espace de découverte de la faune sauvage en forêt. En 1994, le parc devient l'Espace Rambouillet et se transforme. A la découverte des grands animaux s'ajoute celle des rapaces. L'installation de ces oiseaux est faite pour étudier leur pathologie et leur reproduction, en vue de programmes de réintroduction dans la nature.

1972
En Champagne, l'ONF arrête les enrésinements en bande en forêt de Sedan. Des études paysagères sont entreprises et étendues à tout le département de la Haute-Marne.

EN FORÊT MÉDITERRANÉENNE, LA TRANSHUMANCE S'INVERSE

Jadis banni énergiquement par les forestiers qui le considéraient, à juste titre, comme le premier ennemi de la forêt, le pacage en forêt fait un retour remarqué en région méditerranéenne : à la fonction économique se joint une fonction écologique.

Le bétail devient, par le débroussaillement contrôlé qu'il assure un moyen efficace de prévention des incendies. Depuis quelques années, de nombreuses expériences sylvopastorales sont réalisées, par convention avec des éleveurs, avec des objectifs variés : entretien de grandes coupures pastorales, réduction de la biomasse combustible en sous-bois, entretien dans un objectif de biodiversité, de milieux ouverts tendant à se refermer, maintien d'une économie rurale active.

Evolution remarquable : à côté des éleveurs de Provence qui montent en été dans les alpages, voici maintenant aussi ceux des montagnes qui descendent vers les plaines en hiver.

LA FORÊT, UN ÉLÉMENT FORT DU PAYSAGE À PRÉSERVER

Les paysages ruraux font justement la réputation de notre pays pour leur harmonie et leur variété. Par leur masse et la place qu'elles occupent dans les terroirs, les forêts sont une composante majeure du paysage. Façonné par des modes de gestion ancestraux qui maintenaient son aspect, le paysage forestier semblait aussi immuable que l'ordre des champs environnants. Et puis sont venus les reboisements d'après-guerre et la mécanisation dans les années soixante : enrésinements, défrichements de taillis, zébrage des coteaux par des plantations en bandes. Les forestiers se sont alors aperçu qu'il ne suffisait pas d'imaginer la beauté de la forêt future qu'ils préparaient, mais qu'il fallait tenir compte aussi de l'impact instantané des travaux sur le paysage. Dans les zones péri-urbaines le paysage forestier allait parallèlement prendre une importance sans pareille, les massifs forestiers créant de larges zones vertes autour des villes avec une très grande sensibilité des populations à la gestion sylvicole.

Dans les années soixante-dix, le paysage est ainsi devenu une préoccupation à part entière de la gestion forestière : arrêt des enrésinements en bande, mélange des essences, traitement des lisières, ... Aujourd'hui, une cellule spécialisée a été créée au sein de l'Office et la préservation du paysage est un élément systématiquement intégré dans la démarche d'aménagement.

Forêt et campagne, Saint-Aignan, Drôme

ÉVÉNEMENTS

1981
En Bourgogne, l'ONF mène un programme de reboisement des terrils miniers dans le bassin minier de Saône et Loire.

1985
La loi «montagne» du 9 janvier remanie profondément les sections de communes et modifie les procédures de passation des concessions de pâturage en forêt relevant du régime forestier. L'objectif est de faciliter l'activité des éleveurs locaux.

1986
En Charente-Maritime, l'ONF installe un service juridique et foncier tant les problèmes fonciers sur le littoral sont nombreux et complexes. En 10 ans, les empiètements sont stoppés, les limites clarifiées et rénovées, les redevances de concessions mises à niveau.

1988
L'ONF élabore à la demande du Conseil général de Martinique, le Plan départemental des itinéraires de promenade et de randonnée. 170 km de sentiers pédestres soit 31 sentiers font l'objet d'un équipement complet. Un guide est édité.

1995
En Limousin, l'ONF crée une cellule «Forêt-paysage» grâce au soutien de la Direction régionale de l'environnement et la participation financière de l'Union européenne.

TERRITOIRES ET PAYSAGES

Affouage en forêt communale de Baugeu, Haute-Saône

« Un sacré boulot, mais rentable »

Si on ne compte pas ses heures, sa peine, les risques... se chauffer au bois correspond à une réelle économie. L'affouage permet aux populations rurales de récupérer tous les produits, aucun bois n'est perdu et la forêt est propre et nettoyée. Enfin, « faire son bois » participe à un certain art de vivre au contact de la nature. Cette pratique de l'affouage permet dans une ambiance conviviale de rencontrer les autres habitants du village, et d'oublier le stress de la vie quotidienne.

Bruno Derouane

« *J'aimerais que dans l'avenir, la forêt soit plus connue du grand public mais avec une meilleure reconnaissance de notre travail. Son évolution ne devrait pas tourner vers un grand parc botanique, elle doit garder ses fonctions d'espace naturel à la fois productrice de bois et milieu d'accueil pour la faune sauvage.* » •

Forestier à Pont-Sainte-Maxence (Picardie)

Jean-Luc Rouquet

« *Depuis maintenant quatre ans, je suis technicien spécialisé au service des Hautes-Alpes. Ma carte de visite dit même "chargé de mission tourisme-environnement". Dans le domaine du tourisme, nous avons imaginé un produit de randonnée "tout compris". L'hébergement est prévu dans des bâtiments domaniaux que nous avons rénovés. Quant aux itinéraires, ils s'appuient sur la qualité des territoires gérés par l'ONF.* » •

Technicien spécialisé de l'ONF à Gap (Hautes-Alpes)

ZOOM

Arbor

Dans de nombreuses régions françaises, les friches progressent. Prenant conscience de cet accroissement en Pays de la Loire et de la contradiction existant entre le faible taux de boisement régional (10%) et la puissance de la filière bois régionale, Olivier Guichard, président du Conseil régional, décida d'agir.

L'action s'est déroulée à deux niveaux, d'une part dans le cadre des plans État-Région, en subventionnant, au-delà des aides habituelles, les reboisements privés, et d'autre part en créant une opération de reboisement particulière que le Conseil régional a confié à l'ONF : ARBOR.

ARBOR (Action régionale pour un reboisement relais) consiste, sur des secteurs où l'initiative privée fait défaut, à acheter des friches sur au moins 25 ha par site après remembrement, et à les reboiser dans une optique conciliant la production et l'environnement écologique et paysager.

L'ONF assure la conception des projets de boisement. La réalisation des travaux est effectuée en régie ou confiée à l'entreprise.

Le bilan à la fin de l'année 1995 est de 172 ha achetés par la Région, reboisés et gérés contractuellement par l'ONF. La soumission en régime forestier reste envisagée à terme si aucun acheteur ne se présente. En effet s'agissant d'un boisement « relais », la vente après remembrement, aménagement et boisement réussi est théoriquement possible mais n'est pas encore intervenue.

L'essentiel pour la Région est de créer avec l'ONF des boisements de qualité pour la filière bois de demain et pour l'amélioration du cadre de vie des populations.

ZOOM

De la mine à la forêt

Plantation sur terril

Quand les hauts fourneaux et cheminées des industries textiles font place aux centrales et technopoles, la vie et les besoins des hommes changent, les paysages aussi...

Les friches industrielles couvrent dans le Nord-Pas-de-Calais 12 000 ha, soit 50% des friches de l'hexagone, parmi lesquelles 250 terrils. L'ONF pionnier dans le reboisement des terrains de schistes miniers, depuis 1978, a participé à la réhabilitation de plus de dix sites. En 1995, il a été retenu par l'Établissement public foncier pour assurer la maîtrise d'œuvre de la réhabilitation de la fosse La Grange et du lavoir Rousseau. C'est une forêt de 170 hectares parsemés de fascines et gabions qui s'élèvera en hommage aux anciens « galibots »[1] du plat pays.

[1] mineurs

Forêt et pastoralisme, plantation à grand espacement au Pays Basque

TERRITOIRES ET PAYSAGES

Pâturage et forêt

ZOOM

La forêt face à l'urbanisation

L'explosion du phénomène urbain et les grands aménagements du territoire ont très vite, à partir des années soixante, concerné la forêt. Le phénomène, très marqué en Ile de France, n'a épargné aucune région. La forêt a payé son tribut à la modernité. Emprises, échanges, concessions, voire aliénations, ont été nombreuses pour étendre les villes, construire des autoroutes ou des voies ferrées, installer des lignes à haute tension, créer des stations balnéaires ou hivernales... Dans ces dossiers, le forestier souffre. Avec opiniâtreté, il apporte la voix du technicien du milieu forestier, il détaille les richesses de la forêt et la façon dont les emprises projetées les compromettraient. Au fil des années, la protection des forêts s'est renforcée. Les empiètements sont de plus en plus limités et les conditions d'autorisation de plus en plus sévères.

Parc de Beauregard, château du Camp, Louveciennes, Yvelines

Jacques Froment

«*Nous entretenons les sentiers des quatre massifs autour de Saint-Dié et nous organisons des randonnées. Pour faire ces entretiens, il faut être motivé, beaucoup aimer la forêt et apprécier les forestiers avec lesquels nous avons des contacts étroits. Les sentiers balisés représentent 200 km autour de Saint-Dié. La fréquentation de plus en plus importante permet maintenant un entretien minimum. J'espère que nos rapports seront toujours aussi positifs avec l'ONF. Nous demandons parfois que des panoramas soient mis en valeur par extraction d'arbres, nous avons été écoutés. Mais il faut surtout préserver l'aspect sauvage.*» •

Bénévole
Société des promenades et sentiers forestiers
Club vosgien de Saint-Dié (Vosges)

Démonstration en vol de rapaces, Espace Rambouillet

30 ans de passion

Des forêts et des hommes

Nicole Eizner
Sociologue,
Directeur de recherche
au Centre national de la recherche scientifique

De récentes études sur les représentations de l'environnement ont montré que pour la majorité des gens, la forêt était «la nature» par excellence. Etrange chose si l'on songe à quel point cette dernière est aménagée, surveillée, organisée ! Pourtant, il en est ainsi. Pourquoi ?
En premier lieu, par opposition aux campagnes cultivées, donc fruits du travail humain, la forêt est un espace où la présence de l'homme semble minimale. Il n'y a ni maisons, ni cultures ; il y a la rencontre entre l'arbre et l'homme. La forêt est (peut-être avec la mer), un des rares espaces où la nature peut se rêver en tant que telle, parce que le regard n'y est pas entravé par les marques de la pratique des hommes.

La forêt est également un endroit où la promenade est facile. Elle permet de rêver en marchant. Elle est symbole de silence, de calme, de bonnes odeurs, de chants des oiseaux, etc. Elle est en quelque sorte «l'anti-ville» à portée de voiture de la ville, l'«autonomie» retrouvée dans un temps où on échappe aux contraintes du travail et de la civilisation de masse, à toutes les nuisances et pollutions de l'univers urbain. Même si cette autonomie est toute relative, puisque la plupart des gens fréquentent la forêt en famille, ne s'éloignent guère de leur voiture, et marchent fort peu ! Néammoins, au niveau des représentations, approcher la forêt, c'est comme se rapprocher d'elle, rester en lisière, c'est pourrait-on dire faire le premier pas d'une rencontre possible.
La forêt, c'est aussi et peut-être avant tout les arbres, êtres vivants, puissants. Marqueurs des saisons, de la vie, de la mort, et de la continuité des générations (dans certaines familles, on plante un arbre à la naissance d'un enfant). Signe du cycle naturel par rapport à l'univers artificialisé de la vie quotidienne.

Dans l'inconscient et la mémoire collective, les hommes se sentent liés à la forêt, qu'ils ont au cours des générations en partie détruite pour bâtir la civilisation et la culture (en Occident du moins), dont ils ont au cours des siècles été en partie chassés (par la noblesse puis par l'État). Elle reste la matrice, un des éléments principiels à partir duquel les sociétés humaines ont pu s'épanouir. Toute l'ambivalence symbolique qui l'entoure le prouve. Dangereuse et protectrice, elle est tout cela à la fois. Le lieu des loups et des hommes isolés dans les clairières, de la peur donc, mais aussi celui de Robin des bois, le refuge de la liberté, de la possibilité d'échapper aux oppressions sociales, de se cacher pour «ressortir» plus fort. Elle est le lieu des cultes et des mystères religieux. Mais aussi celui des clairières, du soleil, de la lumière. Le clair-obscur face à la rationalité instrumentalisée du monde tel qu'il est, un des rares biens non marchands. Une «soupape» en quelque sorte, une «respiration», qui risque de devenir une demande sociale de plus en plus importante dans l'avenir. Au fur et à mesure que grandira la sophistication technologique.

Penser le développement durable des forêts, c'est aussi penser à ces besoins des hommes, qui concernent faut-il le préciser, d'abord les feuillus, les arbres «nobles» par excellence. Faut-il préciser aussi, qu'il ne s'agit pas de réensauvager des forêts, mais de permettre que dans ce «sauvage balisé», que sont nos forêts, il y ait place pour le ressourcement des hommes. ●

TERRITOIRES ET PAYSAGES

DE LA MONTAGNE A LA MER

La forêt protège. Elle régule le cours des eaux, elle assainit et purifie l'air, elle stocke du carbone en consommant le gaz carbonique de l'atmosphère. Elle stabilise aussi les sols. Ce rôle de protection physique est essentiel en montagne et sur les côtes dunaires. La couverture végétale et forestière, associée parfois à des ouvrages d'art, maintient les terrains et protège l'homme de bien des catastrophes : glissement de terrains, coulées torrentielles, ensablement de routes ou de villages... De l'appréciation des risques à la fixation des sols, ces travaux exigent une grande technicité que les forestiers ont largement perfectionnée ces dernières années.

TERRITOIRES ET PAYSAGES

EN MONTAGNE, LA MAÎTRISE DES RISQUES NATURELS

Depuis sa création en 1860, le service de Restauration des Terrains en Montagne a acquis et équipé, au nom de l'État, les territoires les plus dégradés. Correction de torrents, drainage et soutènement des terrains instables, ouvrages paravalanches, stabilisation par engazonnement et reboisement sont les outils employés par ces spécialistes de l'érosion.

En 1980, un décret du ministre de l'Agriculture ramène, de vingt cinq à dix départements, le champ d'intervention du service RTM. Il s'agit des départements des Alpes et des Pyrénées où l'ampleur et l'intensité des phénomènes nécessitent un renouvellement permanent des ouvrages.

Dans les années quatre-vingt, les mesures de décentralisation conduisent à une augmentation spectaculaire des interventions des collectivités territoriales de montagne. Le développement touristique intense les amène à s'intéresser à la planification et à l'aménagement de l'espace ainsi qu'aux actions de protection contre les risques naturels. Parallèlement, la loi d'indemnisation des victimes des catastrophes naturelles instaure les plans d'exposition aux risques naturels prévisibles. Le service RTM est très naturellement impliqué dans cette démarche de prévention des risques qui de plus en plus, constitue la priorité de son action.

ÉVÉNEMENTS

1972
Deux mille personnes restent bloquées à Isola 2000 à la suite d'une avalanche.

1981
Des avalanches exceptionnelles en Savoie et Isère détruisent des immeubles tricentenaires. Après une analyse de l'événement le service RTM popose des actions de prévention.

1986
Des séracs menacent de tomber dans le lac d'Arsine et de créer une vague qui submergerait la vallée de Serre-Chevalier. Dans des conditions très difficiles, le service RTM conçoit et réalise des travaux de construction d'un exutoire permettant d'abaisser le niveau du lac.

1987
Le camping du Grand Bornand est soudainement submergé par des crues torrentielles. On déplore de nombreuses victimes. Des mesures de prévention d'un nouveau risque sont mises en œuvre.

1994
Un important glissement de terrain a lieu à La Salle-en-Beaumont. Le site est réaménagé.

Avalanche de neige poudreuse, Pralognan-la-Vanoise, Savoie

Paravalanches, Saint-Hilaire du-Touvet, Isère

De la montagne à la mer

TERRITOIRES ET PAYSAGES

Dominique Delorme

« Dans le travail de restauration des terrains en montagne, on est confronté à des problèmes de terrain très variés. C'est un milieu difficile et devant un problème technique, il faut impérativement trouver une solution : la maîtrise des risques nous y oblige. Nous devons innover en permanence. Le premier dossier pour lequel nous avons été récompensés au concours de l'innovation de l'ONF répondait bien à cette idée de l'urgence. Il s'agissait d'une gamme de produits préfabriqués pour la correction de torrents. Notre souci était de trouver une solution pour passer le moins de temps possible dans le lit des torrents et terminer les travaux avant que les fortes pluies n'emportent une partie de ce qui est déjà fait ou n'en empêchent la continuation. Ce type de mise au point se fait forcément en équipe : il y a de constants va-et-vient entre le "bureau" et le terrain. » •

Ouvrier forestier au service RTM de l'Isère

Barrages-câbles, technique récente mise au point par le service RTM Isère, série domaniale du Manival, Isère

Vue de banquettes paravalanches, Corps, Isère
Série domaniale RTM de la Roizonne, peuplement issu de plantations, Isère

30 ans de passion

TERRITOIRES ET PAYSAGES

ÉVÉNEMENTS

1966 à 1980
Les dunes littorales atlantiques sont reprofilées sur de très grandes longueurs pour rattraper le déficit d'entretien des années quarante et cinquante.

1981
En Aquitaine, l'Office réalise une typologie dunaire consignée sur un atlas au 1/25 000 élaboré par photo-interprétation et analyse du terrain. En 1990, un nouvel atlas est édité, basé sur l'exploitation des images satellitaires spot.

1987
Sur le littoral aquitain, un technicien forestier met au point l'utilisation d'une plante dunaire, l'agropyron, plus efficace que le traditionnel oyat.

1988
Un mémento technique des dunes du littoral aquitain est édité. Il est le résultat de la collaboration entre l'ONF et l'Université de Bordeaux.

1992
L'ONF met en place le service littoral. Il a pour vocation d'apporter un appui aux actions littorales sur la côte française. En 1993, il coordonne le programme européen «Life» de biodiversité et protection dunaire.

1994
L'ONF engage la réhabilitation de la dune des Ensablés au Cap Ferret, propriété privée en cours d'achat par le Conservatoire national du littoral.

LES DUNES, UNE DÉFENSE SOUPLE CONTRE UNE MENACE INSIDIEUSE

C'est au siècle dernier que les dunes d'Aquitaine, sans cesse en mouvement, furent fixées par le boisement. L'Office National des Forêts poursuit cette action et gère 400 km d'espaces dunaires littoraux majoritairement situés entre Loire et Adour. La dune bordière, au contact de la plage, protège les boisements d'arrière-dune, elle fonctionne comme un piège à sable et est fixée par une végétation qui lui est propre.

Des études récentes réalisées avec des universitaires ont fait progresser la compréhension des phénomènes : la solidarité dunes-plage et le rôle modérateur du stock sableux dans l'érosion marine. Le reprofilage artificiel a été abandonné pour laisser évoluer des formes semi-fixées dans les parties médianes et postérieures, qu'on ne cherche plus à boiser.

La dune stabilisée, où s'installe une flore originale, est devenue un habitat d'intérêt communautaire. Des actions de protection de la biodiversité y sont menées. «Balcon» sur les plages, elle voit se développer une intense fréquentation touristique. Les forestiers, dans des plans concertés, ont pour objectif de concilier accueil, sécurité et protection de ce milieu fragile.

Bertrand Duport

«Ma passion, c'est mon environnement. Vécus au quotidien, la dune m'apporte le travail, l'océan ma ressource morale. Je ne peux dissocier les deux. D'ailleurs, l'océan modèle sans cesse la dune. Il lui apporte le sable, son existence. Personne ne le maîtrise, on ne peut le dominer dans sa furie. La dune est capricieuse et très dépendante. Fragile, elle est en constante recherche d'équilibre. Ici, l'homme et la nature se rejoignent. Leur vitalité est en parfaite symbiose.» •

Agent technique forestier à Mimizan (Landes)

Plantation d'oyats, île d'Oléron

Christian Laporte

« En 1952, le courant des Contis, petit à petit a démoli la digue. Quand cette brèche a été faite, le courant, tous les ans, a emporté deux à trois cents mètres de dune. Et c'était spectaculaire parce qu'il y avait des dunes de quinze mètres qui étaient rongées. Il a fallu par la suite les restaurer. Petit à petit avec la patience, les forestiers ont réussi à surélever un peu la dune, enfin un semblant de dune, c'était de la plage, il n'y avait aucune végétation. Cela a duré deux ou trois ans. Ensuite, lorsque les marées d'équinoxe n'arrivaient plus sur le cordon dunaire, ils ont implanté des palissades à sable filtrantes. Et là ça été très, très efficace. Ils ont restauré ces dunes au moins pendant huit à dix ans avant qu'elles ne soient reconstituées.» •

Chef de district forestier, Lit-et-Mixe (Landes). Aujourd'hui en retraite

«Une forêt à quoi ça sert aujourd'hui ?... à faire des pique-nique ?»

Jacques Lacarrière
Ecrivain

Étrange question que l'on m'a posée souvent et qui montre à quel point le citadin moderne ignore tout des forêts. Croire encore que, sous prétexte qu'il y a des centrales nucléaires, du papier synthétique et des musées de la Nature, la forêt est devenue un luxe inutile, est une absurdité et surtout une preuve totale d'ignorance.

Le quart du territoire français est couvert de forêts délaissées par les citoyens, à l'exception peut-être de la forêt de Fontainebleau. La vérité, c'est qu'aujourd'hui, avec la production de pâte à papier qui explique la prolifération excessive de résineux, la forêt est une zone d'investissement économique beaucoup plus qu'un lieu bucolique.

Deuxième usager des forêts en plus de l'exploitant de bois : le chasseur. Le gibier, cerf et sanglier notamment, a besoin de couvert forestier pour vivre ou survivre. Il faut donc maintenir les forêts si l'on veut avoir des bêtes à abattre. Dans tout cela on le voit, bien peu de romantisme. Rien que des intérêts à court ou à long terme. Mais au fond, mieux vaut s'en féliciter. Sans la chasse et ses intérêts tout puissants, une grande partie des forêts françaises aurait disparu sous l'action conjuguée des paysans et des promoteurs. Donc le constat est simple : personne n'a besoin des forêts pour s'y promener, s'y détendre, y rencontrer la nature véritable, y méditer. Dans le meilleur des cas, elle est un moyen de rapport ou de sport. Dans le pire, le dépotoir des villes les plus proches. Et pourtant !

Pourtant, un monde est là, le dernier peut-être avec la montagne, qui propose parfois jusqu'aux portes des villes une nature intacte, même si beaucoup de forêts sont aujourd'hui balisées, quadrillées pour les promeneurs. Mais après tout, là encore il faut s'en féliciter. La forêt est aujourd'hui délivrée de ses dangers d'antan : allez au cœur des plus épaisses, des plus impénétrables (s'il en existe encore!) vous n'y rencontrerez ni loups, ni brigands, ni sorciers. Elle n'est plus ce désert marginal où s'enfuyaient jadis rebelles et réfractaires, mais le vert paradis de nos amours agronomiques, un champ d'action sans fin pour ceux qui croient encore que les arbres ont autant d'avenir que les hommes. Car ce qu'offre paradoxalement la forêt, c'est précisément le contraire de tout ce qui semble aujourd'hui constituer notre environnement citadin : elle offre le silence au lieu du bruit, les odeurs de fougères, de la mousse, des écorces au lieu de celles du béton, elle offre surtout un infini diversifié, une petite aventure aux portes des cités, elle est un monde en miniature où se poursuit la vie sauvage. Elle est, c'est vrai, une sauvagerie contrôlée.

Où apprend-on le bon usage des forêts ? Nulle part. Il est vrai qu'il en est de même pour le bon usage des villes. Aujourd'hui, la forêt est un grand désert sylvicole. Je me suis promené récemment dans l'une des plus belles et des plus vieilles forêts de France : celle de Tronçais dans l'Allier. Une forêt de chênes plus que centenaires puisqu'ils furent plantés au temps de Colbert afin d'alimenter en bois les industries de la Marine Royale. Cette forêt, malgré ses balisages et ses aménagements pour promeneurs, a conservé son mystère et possède encore ses légendes. Mais c'est à pied qu'il faut la visiter, la découvrir, en dépit des routes et des laies tentatrices tracées par ceux qui ne peuvent vivre ni penser sans leur voiture. Oui, il faut la parcourir à pied si vous voulez découvrir l'enchantement de ses futaies, les rumeurs de ses frondaisons, le labyrinthe de ses sentiers imprévisibles mais qui, toujours, vous ramèneront vers une route, une aire, un carrefour. Si vous voulez rencontrer la forêt, percevoir et recevoir son message de silence, ou de vent, oubliez tout sauf vos sens. Oubliez surtout votre voiture, parcourez la forêt à cheval, le plaisir n'en sera que plus grand, mais pas à cheval-vapeur. On ne visite pas Brocéliande, on ne quête pas le Graal en camping-car ! Oubliez vos habitudes, oubliez routes et routines. C'est l'a b c de ce que vous dit la forêt.

Tout cela peut paraître étrange ou excessif. Quoi - allez-vous penser - les forêts se sont passées de nous pendant des siècles et mêmes des millénaires. Depuis l'époque primaire elles ont poussé, grandi, proliféré sans nous! C'est vrai mais tout cela est aujourd'hui fini. Maintenant, disons depuis le temps de nos ancêtres les Gaulois, la forêt ne peut plus survivre sans l'homme car l'homme l'a entièrement domestiquée. Trop peut-être, c'est vrai. Mais c'est ainsi. Maintenant pour croître, produire, prospérer, elle a besoin de l'attention et de la protection de l'homme. Elle a besoin de sa patience, de sa surveillance et surtout de sa bienveillance. Son avenir dépend de nous mais le nôtre dépend aussi du sien. Nous l'ignorons peut-être mais nos noces n'en finiront pas. En tout cas, je le souhaite. D'ailleurs chacun comprendra aisément, puisque l'homme exploite la forêt et qu'il en vit, qu'il faille surveiller les coupes, le reboisement, élaguer, planter, éclaircir, soigner les arbres. Mais la forêt n'a pas besoin que d'exploitants, de surveillants, de gardes et de protecteurs. Elle a aussi besoin, puisqu'il s'agit de ses noces avec l'homme, elle a besoin de bienveillance, autant que de surveillance. Elle a aussi besoin d'amour, oui d'amour, je n'ai pas honte de le dire. Elle a besoin d'amoureux de son silence, de ses chemins, de ses mystères, de ses habitants - fussent-ils sauvages - elle a besoin qu'on la visite, qu'on la connaisse, qu'on la parcoure pour le seul plaisir de le faire. Elle a besoin d'amour gratuit. Elle a besoin de ceux qui viennent à elle sans lui réclamer ni son bois, ni ses animaux, ni ses écorces, ni ses peaux, ni ses aubiers, ni ses trophées. Elle a besoin d'être protégée contre ses protecteurs trop zélés.

Si la forêt est une source de rapport pour ceux qui l'exploitent et en vivent, elle est aussi pour le citadin un supplément d'air pur et d'oxygène, et pour tous ceux qui l'aiment sans condition ni reddition, pour tous ceux qui aiment en elle ses beaux restes de sylve sauvage, elle est un supplément d'âme à nos rêves. ●

ENSEMBLE

30 ans de passion

ENSEMBLE

ENSEMBLE

Ensemble, ce mot est inclus dans la notion même de gestion durable. Comment ferait-on, seul, une forêt pour les hommes ? Car il est bien là le sens du travail des forestiers : être un intercesseur entre la nature et les hommes, protéger la forêt, la façonner pour qu'elle apporte durablement aux hommes ce que, raisonnablement, ils peuvent lui demander. Connaître et comprendre ces demandes, les traduire en actes de gestion forestière : le partenariat est la clé de cette grande mission. Un partenariat qui appelle écoute et respect mutuel.

ENSEMBLE

LES COMMUNES FORESTIÈRES

«*Les communes forestières, conscientes de leurs droits et de leurs devoirs devant l'évolution des problèmes de la forêt, et l'Office National des Forêts, chargé d'une mission de service public de gestionnaire du patrimoine forestier communal, décident d'œuvrer ensemble pour assurer l'avenir de la forêt communale, la faire participer activement à la vie économique et préserver l'équilibre de l'espace rural et naturel, pour le meilleur service des populations présentes et futures*».

Charte de la forêt communale,
article 3, 7 juin 1991

Forêt communale d'Epinal, Vosges

30 ans de passion

ENSEMBLE

INDICATEURS

Les forêts communales :
- 2 534 000 ha
- 10 962 communes forestières
- 10 239 forêts communales (2 336 123 ha)
- 3 909 forêts sectionales (197 626 ha)
- Superficie moyenne, 179 ha
- 270 forêts de plus de 1 000 ha
- 1 500 forêts de moins de 10 ha.

●

Les grands types de traitement des forêts des collectivités se répartissent en futaie régulière (34%), futaie irrégulière (20%), taillis et taillis sous futaie (12%), taillis sous futaie en conversion (28%), hors sylviculture (6%).

●

Au 1er janvier 1995, 157 orientations locales d'aménagement concernent 2 483 100 ha soit 94% des forêts des collectivités publiques. 80% des forêts communales (2 100 820 ha) sont dotées d'un aménagement en vigueur.

●

641 100 ha de forêts des collectivités publiques sont couverts par une carte des stations (24%).

●

En 1995, les bois mobilisés se répartissaient en 6 070 000 m³ de bois sur pied et 1 530 000 m³ de bois façonnés ; les bois d'œuvre, 5 260 000 m³, en 2 275 000 m³ de feuillus et 2 985 000 m³ de résineux.

●

NOTRE PREMIER PARTENAIRE

De la forêt soumise au régime forestier à la forêt relevant du régime forestier, il y a plus qu'un simple changement de mots. Il y a la charte de la forêt communale et l'esprit de partenariat qui l'anime. Le mot «soumis» et l'esprit de tutelle régalienne qu'il pouvait représenter dans le Code forestier de 1827 ne sont plus d'actualité. Signée le 7 juin 1991 par le Président de la Fédération Nationale des Communes Forestières et le Directeur général de l'Office National des Forêts, la charte de la forêt communale définit un partenariat responsable : dans le cadre du régime forestier, les communes forestières assument pleinement leurs prérogatives de propriétaires de forêts, tandis que l'ONF exerce pleinement sa responsabilité de gestionnaire.

LE BÉNÉFICE DU RÉGIME FORESTIER

Pour le compte des maires, responsables des grandes décisions engageant l'avenir de leur forêt, les forestiers de l'Office apportent leur présence et leur connaissance dans la surveillance et la protection de la forêt - car le premier objectif est de conserver l'intégrité et d'améliorer la qualité de la forêt. Ils étudient, proposent et rédigent l'aménagement forestier : c'est le moment fort où le conseil municipal arrête les modalités de la gestion de la forêt communale. Les forestiers effectuent les martelages et organisent la mise en marché des bois : en 1995, les bois mobilisés totalisaient un volume de 7,6 millions de m³ ; les recettes encaissées par les collectivités s'élevaient à 1,7 milliard de francs.

Dans le prolongement du régime forestier, les forestiers de l'ONF assurent aussi pour les communes la mise en œuvre de nombreux travaux forestiers dans leurs forêts : travaux sylvicoles, travaux d'infrastructure ou travaux pour l'accueil du public. En 1995, ces travaux ont représenté un montant total de 400 millions de francs. Enfin, l'Office, par des interventions diverses, assiste les maires dans l'amélioration et la valorisation de leur environnement naturel.

LA CONFIANCE PARTAGÉE

Depuis 1991, ce partenariat s'est inscrit dans la vie quotidienne des élus et des forestiers. Malgré les difficultés qui peuvent survenir – et celles liées au financement même du régime forestier ne sont pas les moindres – c'est dans la confiance qu'il faut continuer d'avancer. Avec détermination et sérénité.

Présentation d'un projet en mairie

Laurence Brouillet

«*Quelques mois après le renouvellement des conseils municipaux, "Long terme" (lettre de l'ONF aux communes de Franche-Comté) a pris de l'embonpoint le temps d'un numéro spécial : quatre pages, au lieu de deux habituellement, intégralement consacrées à une présentation synthétique de l'ONF à ses nouveaux interlocuteurs. Des explications sur le régime forestier, sur les rôles respectifs des communes propriétaires et de l'ONF en matière d'aménagement, de commercialisation, de travaux, de surveillance..., un calendrier des rencontres périodiques et un agenda personnalisé des interlocuteurs forestiers de la commune. Ce "Long terme", remis en main propre par chaque agent à "ses" maires, s'est révélé une bonne invitation au dialogue, bienvenue en plein débat sur le montant des frais de garderie.*» ●

Ingénieur
Direction régionale
de Franche-Comté

ENSEMBLE

Christian Gardette

« Avant la création du syndicat mixte de gestion forestière, seuls 180 ha de forêt appartenant aux sections de la commune, bénéficiaient du régime forestier. Les relations avec l'ONF se limitaient à des contacts avec le maire; au niveau communal personne ne s'investissait vraiment pour comprendre la gestion de nos forêts. La dynamique initiée par la création du syndicat a accru la forêt relevant du régime forestier de 200 hectares supplémentaires. En outre, grâce à une plus grande participation, nous nous sentons plus concernés : les habitants connaissent mieux les richesses de leur patrimoine forestier et participent à son amélioration notamment en matière d'environnement. Le document d'aménagement est une base de travail intéressante et efficace qui abonde dans le sens de la concertation et de la transparence. Ces bons rapports avec l'ONF ont permis de clarifier les rôles de chacun et ont rapproché l'ONF, les élus et les habitants. » ●

Président du Syndicat mixte de gestion forestière d'Aydat (Auvergne)

Muriel de Mortemart

« La forêt est un sujet que j'aime bien pour plusieurs raisons. Je la retrouve dans l'exercice de mes trois mandats, même si c'est un peu plus dans mes fonctions de maire et de président de l'Association des communes forestières du Cher et de l'Indre. Je constate depuis 18 ans que je suis élue que beaucoup d'efforts ont été faits en matière de sensibilisation des élus et de contacts avec les acteurs locaux, comme l'ONF. Je m'étais rendu compte que certains de mes collègues ressentaient l'ONF plutôt comme une tutelle "on ne sait pas ce qu'ils font là-dedans, on reçoit le devis, on n'a plus qu'à signer, ils vendent nos bois, on ne sait pas trop bien comment,..." le mot – soumis au régime forestier – n'inspirait pas confiance. Il fallait que l'ONF soit reconnu dans son rôle de gestion et d'aide à la gestion de la forêt. Ce n'est pas l'ONF qui doit décider des travaux. Il nous propose mais c'est à nous de décider. C'est donc un véritable partenariat qui s'est instauré. J'avais demandé que les communes aient une prévision de ressources pour qu'elles puissent établir leurs budgets autrement qu'au coup par coup. Cela a pu se faire. Le martelage, nous le faisons avec les élus des communes qui le souhaitent. C'est nouveau car autrefois, il se faisait exclusivement entre personnels de l'ONF.
On réalise de plus en plus de tournées avec les enfants ou avec les habitants pour leur montrer ce que l'on fait en forêt. Et puis, les documents d'aménagement sont aussi pas mal avancés ... » ●

Président de l'Association des communes forestières du Cher et de l'Indre
Maire de Meillant – Conseiller régional du Cher

ÉVÉNEMENTS

1967 L'ONF expérimente dans quatre centres, la formule «Office support de main d'œuvre». Il s'agit d'utiliser une main d'oeuvre dans les forêts communales, qualifiée, recrutée, gérée et rémunérée directement par l'Office, celui-ci se faisant rembourser par les communes. L'expérience est peu à peu généralisée.

1972 L'ONF propose aux communes la mise en place de la programmation des actions forestières dans leurs forêts à l'instar de ce qui a été fait en forêt domaniale.

1972 Une loi autorise les collectivités propriétaires de forêts à regrouper leurs forêts dans le cadre de groupements syndicaux de propriétaires ou à se grouper en syndicats de gestion.

1975 Les communes forestières inaugurent la maison de la forêt communale, 13 rue général Bertrand à Paris.

1979 Pour mieux connaître et gérer leur patrimoine, L'ONF engage, forêt par forêt, une étude sur les forêts des collectivités. L'état des lieux est complété de prévisions à l'horizon 2005 notamment sur les récoltes et les besoins de financement. Un point est fait en 1995 pour évaluer les évolutions.

1988 Le régime d'intervention de l'ONF pour des missions d'ingénierie, de réalisation de travaux ou pour des missions diverses en forêt communale est modifié. L'ONF applique le régime de l'ingénierie publique.

1990 Les communes forestières et l'ONF élaborent conjointement la charte de la forêt communale signée en 1991. Une commission de suivi est mise en place et se réunit régulièrement.

1995 Le Parlement modifie le montant des frais de garderie dont les taux s'élèvent désormais à 10% pour les forêts de montagne et 12% pour les forêts de plaine.

Forêt sectionale de Mandailles, Cantal

La forêt communale, trente ans après

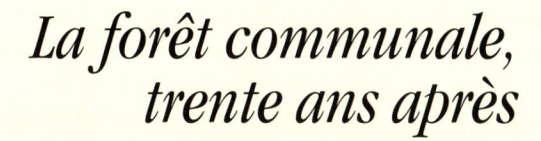

La loi du 31 décembre 1964 créant l'Office National des Forêts, mise en forme et défendue au Parlement par Michel Cointat au nom du ministre des Finances de l'époque, Valéry Giscard d'Estaing, a incontestablement constitué un virage dans la politique forestière nationale. En effet, cette loi a représenté une modification profonde et moderne – à l'époque tout au moins – des modalités de la gestion forestière d'une part, de la structure des Eaux et Forêts d'autre part.

La mise en place de l'Office National des Forêts, nouvel instrument constitué par les éléments de l'ancien service des Eaux et Forêts, a été plus rapide qu'on n'aurait pu le penser au départ. En effet, l'adaptation du personnel à tous les niveaux, malgré quelques réticences éparses, a été exemplaire.

Les communes, de leur côté, ont accepté sans problème cette modification qui allait dans le sens d'une gestion plus rationnelle.

Trente années se sont écoulées, au cours desquelles des habitudes ont été prises, des modes de pensées se sont fait jour, des conceptions différentes ont été imaginées. La Charte signée entre la Fédération des Communes Forestières et l'Office National des Forêts, en juin 1991, a été la concrétisation de ce partenariat à la fois économique et psychologique. Cette Charte est le point de départ d'une nouvelle évolution des relations Office/communes, qui n'est sans doute pas encore réalisée partout. Mais les modifications profondes des marchés d'une part, des industries d'autre part, imposent une révision de nos habitudes qui, bien que relativement récentes, sont déjà trop anciennes. Nous avons, les uns et les autres, à nous adapter en permanence, et à veiller à ne pas nous laisser entraîner dans des directions qui s'avéreraient nuisibles à l'intérêt de la forêt dans son ensemble. Dans une nouvelle étape à définir, nous avons le devoir de nous entendre, nous avons l'obligation d'ajuster ensemble nos perspectives d'avenir. Nous n'avons donc qu'un seul choix, qui soit rationnel, c'est d'agir d'un commun accord, dans le respect des responsabilités de chacun : c'est ce que je souhaite du fond du cœur. •

Jacques-Richard Delong
Sénateur de la Haute-Marne
Président de la Fédération Nationale
des Communes Forestières de France

ENSEMBLE

UN ESPRIT D'OUVERTURE

La société exprime de nouveaux besoins en matière de nature : protection de la nature, préservation des paysages, information, accueil du public, mise en valeur des richesses naturelles dans les actions de développement rural. Responsable de l'intégration de toutes ces attentes dans une politique cohérente de gestion durable, l'Office National des Forêts voit se multiplier ses interlocuteurs et se trouve engagé dans de nombreux partenariats.

Dans la région Franche-Comté, l'ONF participe à une étude sur l'évolution et la préservation d'un paysage de grande qualité, la Vallée de la Loue

ENSEMBLE

INDICATEURS

Les prestations pour l'environnement assurées par l'ONF représentent un chiffre d'affaires annuel de l'ordre de 200 millions de francs. Les clients sont l'État (14% du chiffre d'affaires), les départements et les régions (21%), les communes (27%), d'autres partenaires publics ou privés (38%).

•

Les domaines d'activité sont les travaux (59%), l'ingénierie-expertise (18%), la gestion (16%) et le gardiennage-animation (7%).

•

S'ENRICHIR MUTUELLEMENT

Parcs nationaux ou régionaux, Conservatoire du littoral, conservatoires des sites, réserves nationales sont quelques-uns des organismes qui interviennent eux-aussi dans la gestion d'espaces naturels. Avec l'ONF, ils partagent l'objectif d'une gestion raisonnée et globale qui conserve, protège, met en valeur et offre à nos concitoyens une nature de grande qualité. Il n'est donc pas étonnant que des relations de travail s'établissent. Ainsi, par exemple, l'ONF gère-t-il, le plus souvent, les terrains forestiers du Conservatoire du littoral.

PARTENAIRE DU DÉVELOPPEMENT RURAL

Très présent dans le milieu rural, au contact des communes, l'Office est un acteur important du développement rural. Il apporte son appui aux collectivités locales dans leur rôle d'employeur notamment à l'égard des jeunes. Il participe à la surveillance des territoires sensibles, au boisement de terres agricoles, à la formation de personnels communaux, au développement du tourisme de nature.

PRESTATIONS POUR L'ENVIRONNEMENT

Prolongement du métier de base des forestiers, ces prestations pour l'environnement sont directement l'expression de leurs compétences d'ingénierie de la nature. L'Office National des Forêts a aussi entrepris de répondre aux multiples attentes des collectivités publiques. Très diverses, ces demandes portent toujours sur un «plus de nature» au profit de nos concitoyens.

Jean-Marc Gasperi

«Ici en forêt de Saint-Amand, la fréquentation massive - plus d'un million de visiteurs par an - nécessite une information importante. Ce rôle est essentiellement dévolu au Parc. Le massif, qui a été ruiné par la guerre, est déséquilibré. Les enjeux de gestion doivent être expliqués aux élus et au public. Les échanges entre l'Office et le Parc sont très nombreux et la concertation joue bien. Dans le site très fréquenté de la mare à Goriaux, nous menons ensemble des actions pour canaliser les visiteurs vers des zones moins sensibles.» •

Chargé de mission au Parc naturel régional de la plaine de la Scarpe et de l'Escaut (Nord-Pas-de-Calais)

Dans la région Nord-Pas-de-Calais, l'ONF assure l'expertise et la gestion d'arbres d'alignement

Un esprit d'ouverture

ENSEMBLE

ÉVÉNEMENTS

1966
En Languedoc-Roussillon, l'ONF participe à la mission d'aménagement du littoral. Son service spécialisé, le service de travaux de reboisement du littoral, fera passer le taux de boisement de 2,5 à 6%.

1968
Grande première dans le Nord : le premier Parc naturel régional de France est créé, celui de Saint-Amand, très largement forestier. Sa direction est confiée au départ à l'ONF. Depuis, il s'est largement étendu et a pris le nom de Parc naturel régional de la Plaine de la Scarpe et de l'Escaut et dispose de ses propres structures de direction.

1971
Le Conseil d'administration de l'Office approuve la mise en place ou le renforcement des bureaux d'études «espaces verts» : Fontainebleau, Lille, Bordeaux, Montpellier et Aix-en-Provence.

1976
La région Ile-de-France crée son Agence des espaces verts. A son initiative, le patrimoine forestier régional est passé, en 20 ans, de 750 à 7 800 ha, confiés à la gestion de l'ONF.

1983
En complément de la réalisation et de la gestion de la trame verte de la commune du Port à la Réunion, l'ONF aménage dans le nouveau centre ville un parc boisé de 17 ha.

ZOOM

L'Agence des espaces verts de la région d'Ile-de-France, une politique volontariste de la forêt

Protéger la forêt, la renouveler, la soustraire à l'urbanisation, c'est l'objectif que le Conseil régional d'Ile-de-France a donné à son Agence des espaces verts. A côté d'un important programme d'aide à la forêt privée et aux collectivités territoriales, l'Agence des espaces verts a développé une importante politique d'acquisition. En vingt ans, la région s'est constituée un patrimoine forestier de 7 800 ha. L'Agence en a confié la gestion à l'ONF. L'objectif d'aménagement conjugue l'accueil d'un public particulièrement nombreux et le respect de la qualité biologique et paysagère de ces forêts.

ÉVÉNEMENTS

1985
L'ONF termine l'aménagement paysager de l'autoroute A 26 Calais - Saint-Quentin. 170 km ont été traités pour le compte de la société Scetauroute - Sanef.

1993
En Guyane, l'Office met en place une filière de formation-insertion aux métiers de la nature pour le compte du Conseil régional et de la Direction du travail et de l'emploi. L'objectif est de créer des emplois et de valoriser la pluri-activité.

1994
En Alsace, l'ONF signe une convention de participation à l'aménagement de la liaison Rhin-Rhône qui traverse la forêt domaniale de la Harth. L'ONF travaille sur l'intégration paysagère et touristique du canal dans le site, sans oublier les mesures de préservation de la biodiversité.

1995
Signé le 8 février 1995, le contrat État-ONF 1995/1999 invite l'Établissement à renforcer ses interventions dans le domaine de la protection, de l'aménagement et du développement des ressources naturelles.

Rétablir le transit naturel des grands cervidés : un passage à faune au-dessus des lignes TGV-Nord dans l'Oise, une collaboration entre l'ONF, l'ONC et la SNCF

Aménagement du parc boisé, Le Port, Réunion

ENSEMBLE

Emmanuel Michau

« L'ONF gère les forêts du Conservatoire du littoral bénéficiant du régime forestier. Les objectifs de gestion pour ces forêts sont déterminés et fixés de concert. Ce travail en commun fait évoluer en parallèle l'Office qui doit tenir compte de la gestion plus naturaliste souhaitée par le Conservatoire, et ce dernier qui profite de son côté de l'expérience de l'Office dans la conduite des peuplements, les travaux, l'accueil des usagers. L'ONF se prête bien volontiers à cette évolution, le site du Conservatoire constituant des lieux privilégiés de développement d'une gestion innovante et d'expériences de génie écologique. Dans ce contexte et compte tenu de l'extension de la politique d'achat, les relations entre les deux organismes ne peuvent que se multiplier. » ●

Délégué régional du Conservatoire du littoral en Bretagne

Approvisionnement de chantiers de reboisement, le Mont Boron, forêt communale de Nice

Sur l'estuaire de la Laïta, l'abbaye cistercienne de Saint-Maurice (propriété du Conservatoire), jouxte la forêt domaniale de Carnoët dans le Finistère. L'ONF assure la gestion forestière de ce domaine pour le compte du Conservatoire du littoral.

Un esprit d'ouverture

ENSEMBLE

À L'AMONT DE LA FILIÈRE FORÊT-BOIS

Ehouppage

Abattage

Débardage mécanique

Scierie, Rochejean, Doubs

L'ONF met en marché 40% du bois commercialisé chaque année en France. Il est un acteur majeur à l'amont de la filière forêt-bois. Cette position lui donne une responsabilité toute particulière : l'État l'a reconnue et demande à l'Office de contribuer au dynamisme et au développement de la filière forêt-bois française.

Dans le respect des grands équilibres de la gestion, c'est à dire des aménagements forestiers qui sont les garants de la gestion durable, l'ONF s'attache à jouer ce rôle d'animation de façon dynamique, en liaison avec tous les partenaires de la filière.

ENSEMBLE

INDICATEURS

Le poids des adjudications d'automne dans l'ensemble des ventes de bois d'une année, est passé de près de 60% dans les années soixante-dix à 36% en 1995.

•

La récolte en forêt publique est passée de 10 millions de m³ en 1966, à plus de 13 millions de m³.

•

En volume mis sur le marché, le rapport forêt domaniale/ forêt des collectivités a toujours été sensiblement le même : 40/60.

•

En trente ans, les prix moyens des chênes et des hêtres n'ont, en francs constants, pratiquement pas bougé. Les prix moyens des résineux ont baissé.

•

En 1990, à la suite des violents chablis de début d'année, la récolte a atteint son point le plus haut : 16 millions de m³.

•

La plus grosse vente se tient actuellement à Thierville dans la Meuse : 150 000 m³ de bois répartis sur plus de 200 lots. Longtemps le record a été détenu par le Doubs : à la vente de Pontarlier, le nombre de lots étaient de 520 à 550 pour environ 200 000 m³. La vente a été scindée en deux.

•

La vente la plus importante est Cérilly dans l'Allier : 45 millions de francs en 1995 pour un volume de 86 000 m³.

Une offre élevée et régulière

Chaque année, l'Office met sur le marché 13 à 14 millions de m³ de bois. Cette offre, de 30% supérieure à ce qu'elle était à la création de l'ONF, est appelée à croître encore avec l'accroissement de notre capital forestier et l'amélioration de sa mise en valeur. A la demande de la profession, l'Office répartit de plus en plus son offre de bois sur l'ensemble de l'année. Dorénavant, les grandes ventes d'automne représentent à peine plus de 35% du total ; les ventes de printemps et les ventes de bois abattus en hiver s'accroîssent. Pour garantir l'approvisionnement des entreprises de transformation, l'ONF développe aussi les formules de contrat pluriannuel ou de prix de campagne.

Adaptation permanente

Alimentée par les ventes de bois, la filière forêt-bois française représente 550 000 emplois, localisés pour la plupart en milieu rural. L'Office reste très attentif à soutenir cet emploi, notamment en aidant à passer les caps difficiles, comme la crise très grave qui a durement frappé la filière au début des années 1990. Des facilités ont été accordées aux exploitants forestiers. Mais surtout, dès que la reprise s'est fait sentir, l'Office l'a appuyée, suscitant, par un accord avec la Fédération nationale du bois, les communes forestières et les représentants des industries des pâtes et des panneaux, l'accélération des éclaircies nécessaires des jeunes peuplements. Un accord cadre de même type concernant le bois d'œuvre est conclu au début de l'année 1996.

Les coupes, outil de la gestion durable

Expression de la fonction de production de la forêt, l'exploitation forestière est en même temps un outil de la gestion durable. L'aménagement forestier définit une sylviculture, laquelle implique des coupes qui sont réalisées par des exploitants forestiers. L'exploitation s'inscrit dans le respect des aménagements donc des autres fonctions de la forêt, la protection de l'environnement et l'accueil du public. Ceci amène l'Office à imposer parfois des clauses particulières d'exploitation et de débardage : exploitation à l'avancement, interdiction de brûlage, débardage par câble ou à cheval…

Débardage par câble, forêt domaniale de Grande Chartreuse, Isère

Gérard Bottolier-Curtet

« Je suis venu au câble après un coup de chablis très important dans les environs de Chamonix. C'était le seul moyen de sortir les bois. Ce premier câble, je l'avais entièrement fabriqué moi-même. En forêt de la Haute-Filière, nous avons un chantier en cours depuis quatre ans. Au début, le câble mesurait plus de quatre kilomètres, le plus long de France ! Ce mode de débardage a encore de l'avenir, mais il demande un investissement et un savoir faire importants. » •

Câbliste à Sallanches (Haute-Savoie)

Vente du lot 11, chêne classe N, forêt domaniale de Seillon, Ain

ENSEMBLE

Exploitation et commercialisation des bois

Jacques Blanc

«On souhaiterait que les entrepeneurs de travaux forestiers qui s'installent aient une formation adéquate, afin d'éviter les accidents. Pour créer des vocations dans le métier d'entrepeneur de travaux forestiers, il faudrait également revaloriser le travail manuel : des gens de valeur viendraient grossir nos effectifs. La filière-bois, n'est pas la filière de l'échec.» •

Entrepeneur de travaux forestiers
(Tarn)

Alain Maurette

«Ce service est avant tout un "service Clients". En effet, mon travail consiste à rencontrer les exploitants forestiers et scieurs, à entretenir avec eux les meilleures relations possibles pour pouvoir discuter librement, en confiance, de leurs problèmes, des marchés, de la situation de leurs entreprises. Cela a pour but d'améliorer nos conditions de vente et de mieux répondre à leurs besoins, que ce soit au niveau du rythme de mise en marché, de l'évolution des ventes, de la présentation des catalogues, de l'homogénéisation des clauses...» •

Responsable de la mission commerciale pyrénéenne
de l'ONF à Toulouse

Edouard Véron

«Mon métier était de rechercher les bois de marine. Quand j'allais en forêt, c'était pour marquer les coupes spéciales. Pour éviter ainsi la destruction des courbes remarquables que causerait une exploitation non sélective. En fait, j'étais un tailleur sur mesure ! L'approvisionnement de la scierie se faisait plus spontanément chez les privés. Les arbres des champs et les arbres des lisières sont plus aptes à fournir les grosses courbes qui sont nécessaires à la construction de marine traditionnelle. La forêt domaniale fournissait plutôt les grandes quilles et les compléments en petits diamètres, pour la plaisance notamment : petites courbes, petites membrures.» •

Employé de scieries spécialisées dans les bois de marine
(Loire-Atlantique). Aujourd'hui en retraite

ÉVÉNEMENTS

1969 Le premier contrat pluriannuel d'approvisionnement est signé dans les Vosges. Il porte sur 21 000 m³ de bois mitraillés.

1973 Le choc pétrolier entraîne une flambée des prix des matières premières et donc du bois. Dix ans après, au plus fort de la crise mondiale, les cours du bois atteignent leur niveau le plus bas.

1977 Le nouveau cahier des clauses générales des coupes vendues en bloc et sur pied est adopté. Le précédent datait de 1917. Il veut mieux concilier intérêts commerciaux et sylvicoles. Le rôle de l'agent responsable de la coupe y est consacré.

1979 Dans les Vosges, l'Office met en place le service de traitement des bois mitraillés. Il traite les arbres comportant des éclats métalliques dus aux combats des deux dernières guerres.

1980 Une première expérience de suivi automatique des adjudications est menée à Nantua et à Belley débouchant sur l'édition détaillée des résultats.

1986 Une scierie industrielle s'implante à Sougy dans la Nièvre. Pour l'ONF, c'est un contrat pluriannuel d'approvisionnement de 70 000 m³ par an.

1987 En Martinique, sur financement du conseil régional, se crée une cellule filière-bois pour mieux valoriser les petits bois locaux et favoriser le développement des entreprise de la filière-bois.

1990 A Saint-Michel-de-Maurienne, l'ONF crée un parc à bois pour favoriser la vente de bois. C'est une réussite : les volumes invendus de la vallée ont à ce jour disparu.

1991 En Midi-Pyrénées, l'ONF installe la mission commerciale pyrénéenne avec pour objectif d'améliorer la commercialisation des bois sur le marché pyrénéen aussi bien en France qu'en Espagne.

1995 Un accord cadre est signé entre l'ONF, les communes forestières et les professionnels de la filière-bois pour relancer les éclaircies. La forte reprise de la production de pâte à papier doit permettre d'écouler de nombreux bois d'éclaircie et de réduire le retard accumulé durant les années de crise.

1996 Un accord cadre est signé entre l'ONF, les communes forestières, la Fération nationale du bois et l'Union nationale des industries françaises de l'ameublement pour accroître la mise en marché et la transformation de bois d'œuvre pour répondre aux besoins des entreprises et développer l'emploi.

L'ONF, un partenaire fiable pour la Fédération Nationale du Bois

Roger Lesbats
Président de la FNB

Comment décrire en quelques mots trente années de relations communes entre l'Office National des Forêts et la Fédération Nationale du Bois sans réduire ou travestir leur contenu ou leur portée ?

Pour ma part, à la lumière de l'expérience de mes quatre années de présidence de la FNB, dans un contexte économique fort éprouvant pour la Profession, je me suis personnellement félicité d'avoir trouvé dans l'ONF, et les hommes qui l'animent, un partenaire privilégié et fiable dans ses objectifs et dans ses actions, aujourd'hui comme hier.

A ceux que mes propos étonneraient, je rappellerai qu'à mon sens l'excellence de ces rapports sur les questions fondamentales doit servir à réduire les divergences que nous enregistrons en matière de commercialisation. Le sens des responsabilités de chacun est le moteur de toute négociation dans le contexte pérenne de nos relations.

L'Office est un partenaire économique privilégié. Avec les communes forestières, par les volumes et les qualités des bois mis en marché, il représente le premier fournisseur des exploitants forestiers et des scieurs. L'importance volumétrique des ventes, la régularité de l'organisation de celles-ci, la diffusion de leurs résultats font référence, y compris en Aquitaine. L'Office est le seul à assurer, par la connaissance du patrimoine qu'il gère, une prévision de récolte à moyen terme, élément indispensable pour fonder une garantie d'approvisionnement. Or, pour son développement, la Profession a besoin de la mobilisation effective des bois et de la régularité de leur mise en marché. Les expériences conjointes de contrats pluriannuels s'inscrivent dans cette perspective, ainsi que la conclusion d'un contrat cadre pour une meilleure mobilisation des petits bois en février 1995.

La relation client-fournisseur crée des solidarités. Cet intérêt commun se retrouve lorsqu'il faut sauvegarder la récolte et exploiter en urgence des chablis importants, comme ceux de 1990, ou, à l'opposé, lorsqu'en 1993 les dévaluations compétitives de nos concurrents menaçaient la pérennité de nos entreprises.

Les exemples pourraient être multipliés, de la grève des transports routiers au sauvetage d'Harnoncourt, en passant par les difficultés inhérentes au «fait du prince» comme les variations de taux de TVA applicables aux bois ronds.

A chacune de ces occasions, il y a eu mobilisation de l'Office et de l'ensemble de ses agents comme de la Fédération et de l'ensemble de ses entreprises pour apporter par la voie contractuelle les solutions les plus adéquates.

L'adaptation des clauses générales à une exploitation compétitive dans le respect des règles sylvicoles indispensables doit orienter nos négociations techniques. Et la concertation locale, régionale, nationale, est le mode le plus raisonnable pour corriger les conditions d'accès aux ventes, la conduite des ventes, ou réduire la pratique des bois abattus en reconnaissant nos sphères respectives d'excellence.

J'estime en effet qu'il faut éliminer les éléments de provocation qui conduisent au raidissement des acteurs, voire à la suspension des ventes, pour privilégier une négociation responsable aboutissant à des évolutions positives effectivement appliquées sur le terrain. C'est de cette manière que notre confiance réciproque se perpétuera. •

ENSEMBLE

LA RECHERCHE

La forêt est un système vivant complexe, en perpétuelle évolution. L'Office National des Forêts reçoit mission d'assurer une gestion qui protège, conserve, améliore et produise les biens et services que les hommes lui demandent. Réussir au mieux cette mission impose aux forestiers de toujours mieux connaître l'écosystème forestier. Aux côtés du ministère de l'Agriculture et en partenariat avec les organismes scientifiques impliqués également dans les questions forestières (INRA, Cemagref, ENGREF, Muséum national d'histoire naturelle, universités, etc.), l'ONF, depuis 30 ans, mène une importante action de recherche-développement.

Installation d'une station météorologique automatique dans le réseau RENECOFOR, forêt domaniale de Bercé, Sarthe

30 ans de passion

ENSEMBLE

INDICATEURS

Le progrès technique à l'ONF

Traitement de plus de 650 inventaires statistiques de forêts, établissement de plus de 500 tarifs de cubage ; mise au point d'un logiciel de traitement de données adapté aux études de typologie des stations.

●

Edition d'un ouvrage de référence sur les inventaires, de 28 numéros du Bulletin technique, collaboration à des ouvrages de synthèses nationaux (le hêtre, le chêne rouge d'Amérique, note technique sur les phytocides).

●

Mise au point de logiciels d'information technique (bases de données factuelle et bibliographique) et d'aide à la gestion des peuplements.

●

Installation de 350 dispositifs expérimentaux de terrain dont une proportion élevée est utilisée pour la formation continue des personnels.

●

Mesure de la pluviosité à l'aide du totalisateur RENECOFOR, forêt domaniale de l'Aigoual, Gard

CONNAÎTRE POUR COMPRENDRE

Comment fonctionne cette extraordinaire machine naturelle qu'est l'écosystème forestier ? Sur beaucoup de points, cette question reste encore sans réponse. Installé à partir de 1991, à la demande de la Direction de l'espace rural et de la forêt et dans le cadre d'un dispositif européen, le réseau RENECOFOR est piloté par l'ONF. Ses 102 placettes seront l'objet, pendant au moins 30 années, de prélèvements et de mesures qui devraient livrer de précieuses informations.

Créés aussi avec la participation de l'ONF, le Groupement d'intérêt public ECOFOR et le Groupement d'intérêt scientifique SYLVOLAB ont pour objectif de mieux comprendre, le premier, les écosystèmes forestiers tempérés, le second, la forêt tropicale humide.

CONNAÎTRE POUR PRÉVENIR

Prévenir, c'est à la fois éviter et alerter. Une meilleure connaissance des exigences écologiques des essences et des potentialités des stations permet d'installer des essences forestières qui se «sentent bien» dans leur station. La pratique des cartes des stations forestières s'est grandement développée à l'ONF. De même, la recherche porte sur la définition de sylvicultures dynamiques assurant une bonne stabilité des peuplements. C'est la recherche au service d'une gestion de qualité.

Prévenir, c'est aussi déclencher l'alerte pour rapidement décider des mesures palliatives. L'ONF est très impliqué dans le réseau mis en place par le Département de la santé des forêts (DERF) : il fournit 135 des 238 correspondants-observateurs.

UNE ORGANISATION EFFICACE

Au plus près du terrain, huit Sections techniques inter-régionales couvrent l'ensemble du territoire et pilotent de nombreux programmes correspondant aux problèmes locaux. La coordination et l'animation de ce réseau sont assurées par le département des Recherches Techniques de l'ONF. Ce dispositif mobilise 17 ingénieurs et 15 techniciens sur la recherche-développement. Au sommet, un Conseil scientifique composé de personnalités scientifiques, françaises et étrangères. Ce Conseil suggère et évalue les grands programmes de recherche-développement de l'Office.

ZOOM

Quatre programmes de recherche prioritaires pour l'ONF

Afin de mieux fédérer les Sections techniques inter-régionales et de concentrer leur activité de recherche sur les domaines jugés prioritaires au niveau national, les quatre programmes suivants ont été lancés en 1994 : «sylviculture juvénile du hêtre», «espèces et variétés nouvelles», «peuplements mélangés», «interactions forêt-cervidés».
Un ingénieur anime chaque programme en nouant, chaque fois que nécessaire, des collaborations scientifiques extérieures.

Pierre Cammalletti

«*Un arbre ne peut pas vivre sans son compagnon, le champignon : c'est la symbiose myccorhizienne connue depuis 1885. Mon laboratoire est installé aux pépinières Robin. Je sélectionne des souches de champignons et je favorise l'association avec l'arbre. Cette démarche conduit à une amélioration des performances de l'arbre myccohrizé. Il s'agit de haute technologie, de la microbiologie appliquée qui n'a pas d'équivalent aujourd'hui en Europe. Je suis en quelque sorte le maître des champignons !* » ●

Pépinières Robin
Saint-Laurent-du-Cros
(Hautes-Alpes)

Echantillonnage de sols, RENECOFOR

La recherche

ENSEMBLE

Brigitte Pilard-Landeau

« Le hêtre a longtemps été cultivé comme une essence à croissance lente. Cependant, les résultats de la recherche montrent qu'il est possible de le cultiver beaucoup plus rapidement sans que la qualité de son bois soit altérée, bien au contraire. Est-ce à dire que l'on sait tout sur la sylviculture du hêtre ? Non, il reste à apprendre à produire une bille de belle qualité à un moindre coût. Ainsi donc, nos axes de recherche sur le hêtre portent principalement sur des scénarios de sylviculture testant : soit la croissance dès le jeune âge, soit l'élagage naturel dans la phase juvénile, soit encore un compromis entre un élagage naturel et une croissance forte. Un réseau expérimental a été mis en place. Dès le début, les observations sur les jeunes dépressages donneront des références pour les gestionnaires, mais les expérimentations ne prendront fin que dans les années 2080-2100... » •

Responsable de la Section technique interrégionale Nord-Ouest

ZOOM

Le conseil scientifique de l'ONF

La recherche forestière a connu depuis plusieurs décennies un développement notable. Le faible niveau de connaissance des mécanismes de fonctionnement des arbres et des écosystèmes, l'impossibilité d'éviter des approches et donc des savoir-faire très spécialisés, ont très logiquement conduit les divers organismes de recherche et d'enseignement concernés à créer et encourager des équipes couvrant des programmes de recherche plus ou moins « pointus » mais toujours très ciblés.

Pour que la forêt puisse bénéficier des acquis de cette recherche, il reste indispensable de les digérer, les assembler, avant de les transférer au gestionnaire et d'en apprécier la validité avec sa collaboration, tout en maintenant une liaison forte avec les chercheurs d'amont.

L'initiative prise par l'ONF de créer un département des Recherches Techniques a indéniablement, grâce à la répartition de ses agents sur le terrain, été dans ce sens.

Au-delà de cette mission de transfert des résultats de la recherche, il était logique que l'ONF puisse disposer d'une structure chargée de résoudre, à court ou moyen terme, des problèmes spécifiques, techniques ou scientifiques, posés par la gestion des forêts qui lui sont confiées, et non couverts par les services de recherche.

Le bilan apparaît comme très positif. Peut-être faudra-t-il dans l'avenir éviter certains écueils, par exemple ne pas succomber à la classique fascination exercée par les recherches de base et éviter les doubles emplois. En fait, jusqu'à présent, aucune dérive de ce genre n'a pu être enregistrée.

Permettez-moi enfin, même si cela peut paraître très banal, de recommander aux chercheurs de l'ONF de continuer à rester à l'écoute des services de terrain, de les aider à formuler leurs demandes pour les faire remonter vers les organismes de recherche, et de les associer étroitement à l'incorporation des innovations.

Jean-François Lacaze, président du Conseil scientifique

ÉVÉNEMENTS

1970
L'ONF met en place à Fontainebleau sa « Section technique », dont la priorité est l'appui technique aux aménagistes. On lui doit la naissance du Bulletin Technique et les logiciels « Inventaires » et « Tarifs de cubage ».

1983
Un premier réseau - dit réseau bleu - de surveillance du dépérissement des forêts attribué aux pluies acides se met en place. L'ONF installe des placettes d'observation dans le quart Nord-Est.

1986
Accentuant ses efforts en matière de recherche et développement, l'ONF se dote d'un département des Recherches Techniques. Huit sections techniques interrégionales (STIR) sont créées.

1987
L'ONF signe une convention cadre de recherche avec l'INRA. Un accord semblable est conclu avec le Cemagref en 1989 (actualisé en 1995).

1988
Un programme de suivi du dépérissement du pin maritime sur le littoral Nord-Atlantique est mis en place en collaboration avec l'INRA. Il débouche sur des mesures curatives et préventives.

1989
Après la création du Département de la santé des forêts à la Direction de l'espace rural et de la forêt, les correspondants-observateurs sont installés dans toutes les régions. Ils sont nombreux à appartenir à l'ONF.

1991
Le programme de recherche DEFORPA (Dépérissement des forêts attribué à la pollution atmosphérique) rend ses conclusions finales. A côté du rôle des polluants atmosphériques, circonscrit à quelques sites, la vulnérabilité des peuplements sur sols pauvres ou à faible réserve en eau est soulignée.

1993
L'ONF est membre fondateur du Groupement d'intérêt public ECOFOR mis en place pour stimuler et coordonner les recherches sur les écosystèmes forestiers. Il participe aussi au Groupement d'intérêt scientifique SYLVOLAB en Guyane, coordonnant les recherches sur les écosystèmes forestiers tropicaux humides.

1994
L'ONF décide de conforter les STIR et d'intensifier leur activité en matière de développement. En Alsace, l'observatoire écologique de la Harth est créé pour conduire les recherches sur les causes du dépérissement et mettre en œuvre un plan d'actions préventives.

Augmentation du CO_2 atmosphérique et production forestière

† **Jean-Pierre Troy**
Président du Groupement d'intérêt professionnel ECOFOR

Les deux cents experts du Groupe intergouvernemental sur les changements climatiques, réunis à Madrid à la fin novembre 1995, viennent de le rappeler : la teneur moyenne en gaz carbonique dans l'atmosphère a augmenté de 30% depuis 1750 et continue de croître. Il s'agit de la basse atmosphère, celle où se développe la vie et notamment la vie végétale. La photosynthèse, «invention» des êtres vivants chlorophylliens, réduit le carbone minéral du CO_2 en carbone organique (sucres) en mobilisant l'énergie lumineuse et en produisant autant de molécules d'oxygène qu'elle consomme de molécules de CO_2. La photosynthèse recycle annuellement une grande partie du carbone existant dans l'atmosphère. Ainsi, une teneur accrue du CO_2 dans l'air devrait a priori stimuler la productivité végétale, particulièrement en forêt.

Divers travaux scientifiques conduits depuis une quinzaine d'années à l'aide de techniques et de méthodes nouvelles (analyse de cernes de croissance et dendrochronologie) ont permis d'établir que la productivité des arbres forestiers a localement ou régionalement augmenté très significativement depuis la fin du siècle dernier, avec des fluctuations inter-annuelles liées aux particularités climatiques de chaque année ou séquence d'années. Ces données sont confirmées par la compilation des récoltes de bois mis en marché par les producteurs, particulièrement en Europe tempérée froide. Sur la base de tels résultats, dont la qualité n'est pas à mettre en doute, des généralisations hâtives ont été propagées : la production biologique des forêts serait en augmentation rapide et la tendance s'amplifierait. Les gestionnaires devraient donc en prendre acte et infléchir en conséquence leurs méthodes et leurs règles de gestion sylvicole.

Qu'en est-il en réalité ? L'accroissement du CO_2 atmosphérique participe en fait d'un ensemble de phénomènes concomitants que l'on désigne globalement aujourd'hui par «Changements Globaux» (Global change) et qui incluent des modifications climatiques d'ordre thermique, pluviométrique, de distribution spatio-temporelle de phénomènes météorologiques à caractère irrégulier ou aléatoire (orages, tempêtes, tornades, cyclones,...). Peut-on aujourd'hui pondérer sur la base des connaissances dont on dispose, les effets positifs sur la productivité forestière d'une stimulation de la photosynthèse par une «fumure» carbonée atmosphérique accrue d'une part, et les effets dépressifs sur cette productivité que peuvent induire les évolutions des conditions climatiques, d'autre part ? Par ailleurs, il convient d'observer qu'un accroissement de productivité dans les peuplements installés sur les substrats les plus pauvres en éléments minéraux essentiels, accentue les risques de carences et peut donc déclencher des phénomènes dépressifs dans ces peuplements.

Les réponses à cette question sont en voie d'élaboration mais beaucoup reste encore à mesurer, évaluer, mettre en équations et plus généralement modéliser. Des travaux expérimentaux très sérieux sont aujourd'hui engagés, particulièrement en France par un groupe fédératif de recherche centré autour du laboratoire d'écophysiologie forestière de l'INRA à Nancy, pour mesurer en conditions contrôlées la réaction des jeunes arbres et peuplements forestiers d'espèces tempérées les plus communes aux variations du CO_2 atmosphérique et aux modifications climatiques. Le GIP ECOFOR contribue au financement de ces recherches, mais on reste loin des conditions forestières réelles de croissance des peuplements en forêts. Le principal problème est ailleurs : les sources de l'augmentation du CO_2 atmosphérique sont multiples et elles ont été identifiées et décrites, sinon quantifiées toutes avec la même précision (combustion des combustibles fossiles, destruction des forêts tropicales et des humus qu'elles avaient engendrés, activité volcanique, échanges océaniques, etc.). Mais la question la plus obscure est celle du devenir exact et durable du carbone métabolisé par les écosystèmes : quels sont les puits où il s'accumule : biomasse vivante des arbres (et dans ce cas avec quelle distribution dans les différents organes), autres composantes de l'écosystème, litières et humus ; et quelle proportion de ce carbone métabolisé est-elle rapidement minéralisée ? Au total, c'est le fonctionnement global des écosystèmes forestiers qui est en cause et qui d'ailleurs est évolutif au fil du temps et de leur développement. Au-delà des indispensables mesures au laboratoire et in situ qu'il est nécessaire de rassembler, ce sont des modèles intégrés, à la fois simples (pour n'exiger qu'une diversité limitée de données), mais très puissants, qu'il convient de développer pour rendre compte de ce fonctionnement. On dispose aujourd'hui de modèles partiels de qualité, mais leur intégration n'est pas réalisée et de toute façon ne permettrait de répondre qu'incomplètement à la question. Les recherches les plus récentes tentent d'explorer de nouvelles voies en croisant des disciplines apparemment éloignées de la biologie classique mais susceptibles d'inspirer des représentations nouvelles. C'est notamment l'une des voies que le GIP ECOFOR s'efforce d'encourager à travers les grands programmes qu'il coordonne sur quelques types majeurs d'écosystèmes forestiers tempérés et tropicaux.

Pour les gestionnaires forestiers actuels, formés à l'observation biologique de leurs forêts, et dont l'action est guidée par des documents d'aménagement de plus en plus fréquemment révisés à une fréquence de l'ordre de la décennie, l'éventuelle augmentation de la productivité de leurs peuplements ne paraît pas de nature à leur poser des problèmes insolubles. Par contre, la demande accrue en nutriments que les peuplements peuvent exercer sur les sols déjà pauvres sous l'effet d'une stimulation de la photosynthèse par les modifications du taux de CO_2 et des conditions climatiques représente une véritable menace pour la stabilité de ces peuplements et implique de la part des forestiers une vigilance particulière. ●

ENSEMBLE

AU SERVICE DES FORÊTS DU MONDE

Le Xe congrès forestier mondial de 1991 et le Sommet de la Terre de Rio en 1992 l'ont confirmé : la forêt est d'importance mondiale, les questions forestières se traitent désormais à l'échelle planétaire. L'ONF, qui est le plus important organisme de gestion forestière du monde, a le devoir de mettre son savoir-faire et ses compétences au service des forêts du monde. Notamment dans les pays qui connaissent de réelles menaces sur leurs forêts, sans disposer des moyens financiers, techniques ou humains pour y répondre.

Le développement de nos activités internationales constitue donc une orientation forte pour les années à venir.

Forêt d'araucaria, Chili

ENSEMBLE

Depuis 1989, l'Office National des Forêts montre sa capacité à intervenir efficacement au-delà de nos frontières, en forêt tropicale comme dans les milieux tempérés. La carte le montre : résolument, le petit drapeau ONF se localise sur un nombre sans cesse croissant de pays du monde.

UNE CAPACITÉ RECONNUE

L'Office National des Forêts possède en effet de nombreux atouts : un vivier de compétences, une longue expérience de la pratique de la gestion durable, la capacité à s'associer à divers partenaires français ou étrangers, des outils très performants comme le Centre national de formation forestière, le service Restauration des Terrains de Montagne, la Sècherie de la Joux, le service Littoral ou encore nos systèmes informatiques, une image enfin très positive liée à la dimension, à l'organisation et au caractère public de notre établissement. En un temps très court, l'ONF s'est forgé une solide réputation internationale.

QUATRE DOMAINES D'EXCELLENCE

A l'expérience, sa capacité d'appui peut particulièrement s'exprimer dans quatre domaines : la ré-installation de la forêt, la formation, la définition de politiques et de stratégies forestières, la gestion intégrée et durable. Les trois premiers thèmes sont illustrés ici. En matière de gestion durable, l'action menée au Chili par l'Établissement est significative : il s'agit en effet de réaliser en Patagonie un audit environnemental sur l'exploitation de peuplements purs d'une espèce de Notofagus, la «lenga», et de définir un mode de gestion durable pour ce type de peuplement. Toujours au Chili, l'Office travaille aussi, avec les services forestiers chiliens, à l'élaboration de l'aménagement pilote d'une forêt naturelle.

EUROFOR, UNE EXPERTISE DE RÉFÉRENCE

En réponse à une initiative du Parlement européen, l'ONF a su cristalliser autour de lui un réseau de compétences et d'expériences forestières françaises et européennes : Eurofor est le nom de ce groupement ; «l'Europe et la forêt», le fruit de son travail. Cet ouvrage de 1 500 pages réunit le plus important ensemble de données statistiques de référence sur les forêts du monde et des propositions d'actions cohérentes pour une stratégie forestière communautaire globale.

ZOOM

Pour une stratégie forestière

A l'Est, la transition vers une économie de marché a aussi des incidences sur la forêt. En Bulgarie, en Albanie comme en Arménie, les autorités forestières, soutenues par la Banque Mondiale et la FAO, redéfinissent leur politique et leur stratégie forestière.

Dans ces trois pays, l'ONF a participé aux audits en vue d'analyser la situation de l'ensemble du secteur forestier.

Par ailleurs, les ministères français de l'Agriculture et des Affaires étrangères appuient un rapprochement de l'ONF et des services forestiers de ces pays en transition. Des missions ont ainsi été conduites en Bulgarie, en Pologne et en Roumanie.

ZOOM

Former les hommes

Le gouvernement malgache réorganise sa direction des Eaux et Forêts. Ce travail passe par la définition d'une politique forestière, la formation, et l'inventaire des ressources naturelles. A la suite d'un appel d'offres international, l'ONF, associé à un bureau d'études local, a été chargé de procéder à un audit des besoins en formation et d'assurer un premier cycle de formation : formation des principaux cadres au management, à la gestion de projet et à la gestion financière d'abord, formation de formateurs qui auront pour mission d'assurer le relais auprès de leurs collègues de terrain, ensuite.
Toujours à Madagascar, l'Office National des Forêts est aussi engagé dans la création de l'aire protégée de la «Baie de Baly» sur la côte nord-ouest du pays.

Meules de charbon de bois dans une exploitation de taillis d'eucalyptus, Madagascar

Francine Dosseh et une partie de l'équipe du département des Actions internationales

«La prospection se fait dans les publications internationales ; nous sommes également approchés directement par des organismes internationaux ou par d'autres bureaux d'études. Un partenariat est souvent nécessaire, car les projets font appel à des équipes multidisciplinaires : il s'agit de partenaires européens, mais aussi du pays où doit se réaliser la mission. Pour répondre à un appel d'offres, il faut étudier les aspects techniques, juridiques, financiers, d'organisation du projet, trouver les personnes prêtes à partir pour quelques jours, quelques mois, voire des années. Les délais de réponse sont de quelques semaines, durant lesquelles une équipe se mobilise pour boucler une offre à temps.» •

Responsable de la gestion du département International

ENSEMBLE

Jacques Plan

«*Je travaille en Côte d'Ivoire, au sein de la Sodefor, depuis bientôt cinq ans. En 1960, la forêt ivoirienne couvrait 37% du territoire, aujourd'hui seulement 9%. Pour enrayer ce processus, il faut d'abord faire cesser la concurrence inorganisée entre une agriculture dévoreuse d'espace et la forêt. C'est à cette tâche immense et à cette aventure passionnante que je suis associé. Je pourrais vous raconter les longues réunions sous le manguier du village, avec leur cérémonial immuable, les discussions serrées avec les paysans qui, au départ, se méfient du développement que nous leur apportons.*» •

Chargé de mission à la SODEFOR (Côte d'Ivoire) dans le cadre d'une convention internationale entre l'ONF et la SODEFOR

ZOOM

Recréer la forêt

Sur l'ensemble du pourtour méditerranéen, la forêt a connu et connaît encore une régression dramatique. De plus en plus une volonté politique se manifeste pour y mettre un terme.

En Tunisie, la Direction générale des Forêts a confié à l'ONF la mission de réaliser une plantation de pin pignon sur un territoire de 4 000 ha. Pour cela, l'ONF a piloté un groupement associant un pépiniériste et un entrepreneur de travaux de sol.

Au Maroc, l'administration des Eaux et Forêts et de la Conservation des sols veut définir une stratégie de reboisement pour les vingt ans à venir. Elle a chargé une équipe, constituée de l'ONF et d'un cabinet d'étude, de la mission de proposer un plan directeur de reboisement sur l'ensemble du pays avec étude fine sur 500 000 ha. Appuyés par des collègues en mission de courte durée, deux forestiers de l'Office sont mobilisés à temps plein sur ce dossier, chacun pour une durée de dix-huit à vingt-quatre mois.

Périmètre de lutte contre l'ensablement, province de Ouarzazat, Maroc

Principaux contrats internationaux de l'Office National des Forêts

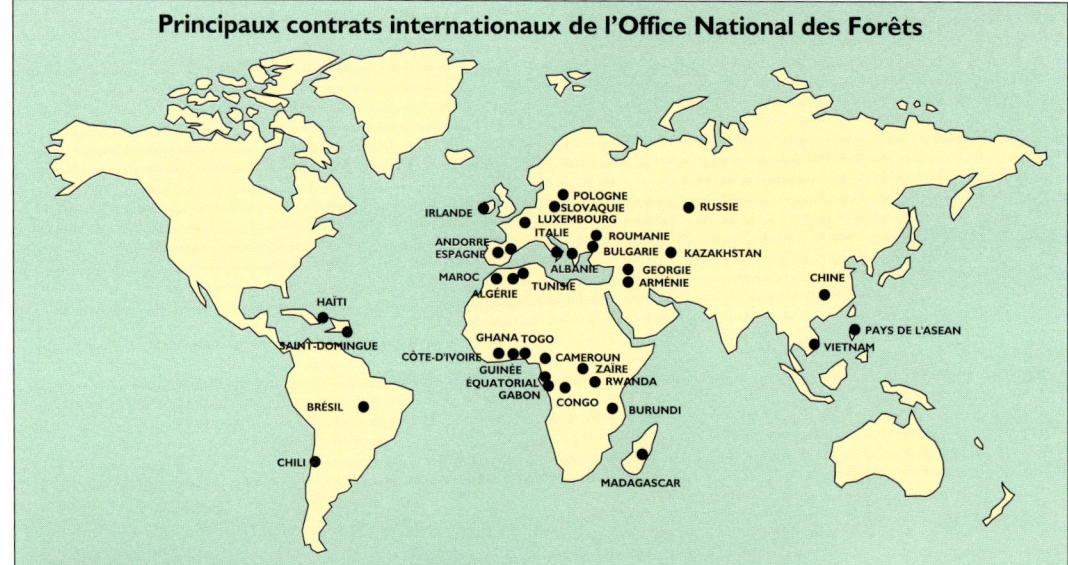

Forêt naturelle de saules (Salix matsudana) dans la région de Naimanqi, Mongolie intérieure, République populaire de Chine

30 ans de passion

"J'aurais été garde forestier"

Claudio Abbado
Chef de l'orchestre philharmonique de Berlin

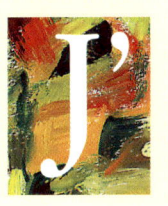

J'aime la nature, la forêt. J'ai une propriété en Sardaigne. Le site était tout encombré d'immondices. J'ai tout fait nettoyer. On a enlevé neuf camions de déchets. Puis, j'ai planté toutes sortes d'arbustes du maquis méditerranéen. En tout, j'ai mis huit mille plants : des oliviers, des agrumes, des géraniums, des hibiscus. Il y a des pins en bord de mer, ils poussent les pieds dans l'eau. J'habite aussi en Suisse, je vais me promener dans la forêt, à pied ou à ski de fond. C'est un grand plaisir.

En Israël, j'ai participé à la création de la forêt de la Philharmonie d'Israël. C'est une forêt de musiciens, chacun y a mis des arbres, par exemple Solti ou Barenboïm. Personnellement, j'ai donné mille plants. En Israël, on considère que «Un homme, pour être un homme, doit avoir écrit un livre, planté un arbre et fait un enfant». J'ai déjà planté un arbre !

Je suis né avec les pouces verts. Quand j'étais plus jeune, je travaillais le piano avec Martha Argerich, je disais «si je ne suis pas pianiste, si je ne suis pas musicien, je serai garde forestier». C'est un très beau métier, forestier, juger ce que l'on doit couper, ce que l'on doit aider... Je vois en Suisse, ils font un travail formidable, chaque année, ils mettent des plantes nouvelles, ils installent des ouvrages contre les avalanches, des terrasses.

Nietzsche a dit «on ne peut pas vivre sans musique». Il a raison. Il y a des gens qui ne veulent pas entendre, entendre la musique, entendre la forêt. Ce sont des gens qui n'écoutent pas les vrais problèmes, des politiciens qui parlent, qui parlent et n'agissent pas, qui ne pensent pas, qui n'écoutent pas. A la Philharmonie de Berlin, les musiciens, les grands solistes écoutent, ils savent écouter les autres. Quand je travaille avec l'orchestre des jeunes, je leur dis toujours : jouez bien, oui bien sûr, mais écoutez les autres. En Suisse, je vis dans un endroit magnifique très protégé, il n'y a pas de permis de construire, pas de circulation, on entend les bruits de la nature. On entend la neige qui tombe. •

ENSEMBLE

LE FORESTIER ET LES ENFANTS

Ils adorent la nature et veulent la protéger. Ils se passionnent pour la découverte de la forêt. Ils sont les adultes de demain ; et, aujourd'hui, ils sont de remarquables ambassadeurs auprès de leurs parents : avec quelle flamme, ils leur racontent la plantation qu'ils ont faite le matin – et que les parents iront forcément voir dimanche prochain !

Pas étonnant que les forestiers aient, depuis toujours, privilégié les enfants pour leur communiquer leur passion de la forêt. Public attentif, chaleureux, convaincu et convaincant. Adultes et citoyens de demain.

Accueil de scolaires en forêt

ENSEMBLE

ÉVÉNEMENTS

1971
Lancement de l'opération « Un bébé, un arbre ». C'est la première grande opération de l'ONF au plan national. Une opération reprise 20 ans après et qui depuis lors se renouvelle chaque année.

1979
En Ile de France, l'ONF aménage la Faisanderie de Sénart pour l'accueil du public, en priorité les scolaires. Un important travail est mené avec l'Education nationale dont une brochure sur l'éducation de l'enfant à l'environnement.

1990
L'opération «A l'école de la forêt» se met en place.

1992
En Martinique, on sensibilise les enfants à la forêt sur le site de l'îlet Dusquenay. L'opération est primée par le comité «A l'école de la forêt».

1993
Au pied du Mont Aigoual, on inaugure la maison George Fabre lors du centième anniversaire de la création du massif forestier.

1996
Le Président de la République décide de donner une nouvelle destination aux domaines présidentiels de Rambouillet et de Marly, avec une vocation particulière d'accueil et d'information sur la nature, la forêt, les animaux, la chasse...

«LEÇON DE CHOSE, LEÇON DE VIE…»

Sur la pente de la montagne, le forestier marche en tête. Il pilote un petit groupe d'enfants à la découverte des mystères et des beautés de la nature. Il s'arrête, les enfants écoutent ses explications et regardent dans la direction qu'il leur indique, là-bas, à l'horizon. «Leçon de chose, leçon de vie…» dit le commentaire.

Cette scène qui termine le premier film de présentation de l'ONF, «Profession nature», est bien à l'image de la relation très forte qui lie les forestiers et les enfants. Tous les forestiers, plusieurs fois, ont guidé des groupes d'enfants en forêt; ils leur ont présenté la forêt, expliqué leur métier.

De la simple visite commentée, on est vite passé à des découvertes beaucoup plus actives, plantation de petits arbres, création de sentiers de découverte ou d'arboretums, exercice de martelage ou d'inventaire… De promeneur, l'enfant devient acteur; le spectateur se fait sylviculteur. La forêt devient école : «On apprend plus dans les arbres que dans les livres»…

«A L'ECOLE DE LA FORÊT»

Cette évolution a été largement favorisée par la création en 1990 du partenariat Education Nationale-Agriculture «A l'Ecole de la Forêt», l'ONF y a apporté une forte contribution : correspondants régionaux et départementaux, participation à la formation des maîtres, mais surtout implication de nombreux forestiers de terrain dans la réalisation, par les maîtres et leurs élèves, de centaines d'actions très concrètes : guides, livrets, brochures, sentiers, arboretums, plantations, etc.

RATIONALISER, DÉMULTIPLIER

Mais comment toucher les 4 millions d'enfants du primaire visés par «A l'Ecole de la Forêt» et, au-delà, les 9 millions d'enfants des maternelles et du secondaire ?

Tâche immense. Il faut rationaliser, démultiplier, transmettre notre savoir, notre expérience, nos clés de lecture et nos repères aux enseignants : à leur tour, ils deviendront «forestiers-ressources» ! C'est ce qu'a entrepris l'ONF en Ile-de-France avec la Faisanderie de Sénart qui a déjà accueilli plus de 5 000 enseignants et dont l'expérience a permis la création d'un excellent manuel d'initiation à la forêt «L'enfant et la nature».

Faisanderie de Sénart, Essonne

Chantal Montin

«L'intervention d'une personne extérieure a beaucoup d'influence sur les enfants. Rencontrer l'homme qui s'occupe véritablement de la forêt les impressionne, ils sont donc plus attentifs. Et puis, ils apprennent qu'en forêt il n'y a pas seulement des arbres et des petits oiseaux, mais il y a aussi des hommes qui y travaillent. Cette impression forte on la retrouve quand de retour en classe, je leur demande de dessiner ce qu'ils ont vu. On découvre souvent que le personnage central du dessin est l'homme en vert.» ●

Institutrice à l'école primaire de Saint-Simon (Cantal)

Pierre-Pascal Perraud

«Pendant des années, j'ai martelé, planté, mesuré, compté et parcouru mon triage en tous sens. Depuis que je suis chargé d'informer, je continue à cultiver la forêt, mais dans le cœur des gens. En leur prêtant mes yeux de forestier, je leur apprends à «lire» la forêt, au lieu de la regarder seulement comme un livre avec de belles images. En étant à l'écoute de leurs questions, de leurs réactions, j'essaie de trouver les mots, les expressions, les anecdotes qui vont pénétrer les esprits et y germer. Lorsque j'entends les gens dire "on ne regardera plus la forêt comme avant", j'estime avoir semé ce qui protégera la forêt future.» ●

Responsable du Centre d'initiation à la forêt de l'ONF à Fontainebleau (Ile-de-France)

Ma forêt d'enfance

Hugues Aufray
chanteur

Comme d'un parfum je me souviens encore.....
Envahis de mauvaises herbes, quelques arbustes cherchaient le soleil dans ce petit terrain vague qui survivait entre deux immeubles rue du Cardinal Lemoine...

Un peu plus bas en descendant vers la Seine... dans la même rue... mon père tenait une petite usine...atelier de montage mécanique...
Là précisement où maintenant s'allument chaque soir les feux des projecteurs sur ces filles aux beautés sculpturales du théâtre «le Paradis Latin»...
C'est probablement en voisin et donc par hasard que mon Père avait découvert cet autre paradis... perdu !

Par un sentier bordé de redoutables orties on arrivait au bout de cette minuscule jungle parisienne... là se dressait une simple cabane de bois... un peu comme celle dont on se sert pour ranger les outils de jardin... Sur la porte un modeste écriteau marqué au fer : «Les Caravaniers de chez nous».

Mon Père avait choisi de nous inscrire mes frères et moi dans ce petit centre de jeunesse probablement parce qu'il n'appartenait à aucun groupe du genre de l'époque : scouts... éclaireurs... ou autres mouvements religieux... je pense qu'il s'agissait simplement pour ces «caravanières» (je me souviens de deux dames !) d'organiser avec les enfants de la ville des sorties pour découvrir la campagne... La loi fondamentale de ces braves filles était l'amour et le respect de la nature.

... Ce matin-là nous partions en exploration de la forêt de Fontainebleau... Sac au dos en chantant nous allions gaiement avec la vaillance des enfants innocents...
... En cet automne de 1936, j'avais sept ans... l'âge de Poucet... la grande forêt nous accueillit mon frère et moi dans son merveilleux manteau teinté d'or et de cuivre... calme... silencieuse... comme dans un poème musical de Ravel, nous marchions étonnés, dans ce chaos magique de rochers de fougères de bruyères et d'arbres mélangés émus comme des enfants de chœur aux orgues d'une cathédrale...
... Dans le sable (oui en ce temps ce fut possible) nous fîmes un petit feu ! Là sous la cendre chaude chacun de nous cacha une pomme ou deux... De ce feu de bois entouré d'un tapis de feuilles humides montait le fumet de ces fruits d'octobre cuisant sur la terre... Une senteur de terroir pénétra nos mémoires... elle y demeure encore aujourd'hui...
Comme l'océan la mer la montagne... la forêt nous avait pris !

La nuit venant mon frère François ne lâchait plus ma main... sans doute la peur de me perdre dans l'ombre d'une de ces légendes que les forêts inspirent...
Robin Hood le juste... Chaperon Rouge l'imprudente... Blanche-Neige la pure... la Belle et sa bête... Merlin l'Enchanteur... et tant d'autres Princes et Princesses encore aux bois endormis...

C'est dans les albums du Père Castor que mon frère m'apprit à lire... lui il avait déjà déchiffré les secrets des forêts ancestrales celles que les illustrations merveilleuses de Rojankovski nous faisaient découvrir dans «Panache l'Ecureuil»...«Martin-Pêcheur»... «Plouf Canard Sauvage»...

Comme d'un parfum je me souviens encore...
Quelques années plus tard en 1948 je me présentais à la Gendarmerie d'Aiguillon petite bourgade surplombant le confluent du Lot et de la Garonne pays de mes grands-parents maternels... J'ai dix-huit ans !...
Fraîchement bachelier en quête d'avenir... fuyant un amour d'adolescent je cherchais ce chemin dangereux où la confrontation avec la mort pourrait donner un sens à ma vie...
Les forêts exotiques... les marécages d'Indochine entr'aperçus aux Actualités Cinématographiques... et l'exil colonial me tentèrent...
Les gendarmes ne voulurent pas de mon engagement dans les parachutistes... j'étais mineur... et l'autorisation paternelle me manquait...
Je décidais alors de fuir vers le Canada ... quitte à reprendre l'école...
Devenir forestier...

Mal conseillé mal dirigé face aux difficultés des études à entreprendre je me décourageais et abandonnais ce projet ...
Mon frère François partit lui... vers les Grands Lacs et la forêt Canadienne... celle de Grey Owl ce génial précurseur de l'écologie lui l'inventeur du premier Parc national créé aux Etats-Unis par le président Roosevelt...
François mon frère est resté là-bas où il demeure pour l'éternité dans la Terre de Maria Chapdelaine...

Moi... pour ne plus être à charge de mon Père... pour échapper au chômage... pour être libre enfin... je commençais à chanter... plus tard dans mes refrains on retrouvera un peu de cette nostalgie pour les lacs et les forêts que je n'avais pas connus...

«Les Caravaniers de chez nous» s'en sont allés à l'horizon et je n'ai jamais retrouvé ce petit terrain vague... forêt de mon enfance...

Aujourd'hui, je vis à Marnes-la-Coquette ... dans une autre forêt...
La Forêt de Fausses-Reposes... A deux pas de chez moi, mes charmants voisins ont un poulailler... un coq qui chante le matin... et même un beau cheval de trait breton... dressé pour le débardage...

Il faut vous dire... que ma voisine est **Garde Forestier** !... ●

ENSEMBLE

AU SERVICE DE TOUS

Gérer la forêt pour qu'elle puisse répondre aux besoins de notre société actuelle et des sociétés à venir. Cette mission qui est celle de l'ONF nécessite, en permanence, esprit d'ouverture et sens du service public.

Ces récentes années, l'Office National des Forêts a particulièrement développé cet esprit dans trois domaines : la participation à des projets d'intérêt général et de ré-insertion, le développement des relations avec les associations, la communication. Trois domaines dans lesquels rien n'est jamais achevé.

ENSEMBLE

ÉVÉNEMENTS

1967
L'ONF participe pour la première fois au Salon de l'Agriculture.

1968
Aux Jeux olympiques de Grenoble, l'ONF fournit un millier de mâts olympiques et installe une allée de sapins le long de l'allée triomphale.

1975
«Allo-Forêt» est créé. C'est le premier service de renseignements téléphoniques sur la forêt, commun au ministère de l'Agriculture et à l'ONF.

1977
La première «Journée nationale de l'arbre» a lieu le 16 avril. Sous l'œil des forestiers, élus, enfants, associations, simples citoyens, plantent des arbres.

1990
A la chute de la dictature, en Roumanie, les forestiers français engagent une opération de soutien aux forestiers roumains et renouent ainsi des liens rompus depuis de longues années.

1991
L'ONF participe à l'opération «Jeunes des banlieues» et accueille 200 adolescents issus de milieux urbains défavorisés pour des stages de trois semaines en forêt.

1994
Le service national vert se met en place. Les forêts accueillent 58 jeunes en 1994 et 53 en 1995.

SOLIDARITÉ, RÉINSERTION

Très présent sur l'ensemble du territoire, l'ONF a naturellement vocation à participer aux efforts de lutte en faveur de l'emploi et du développement rural. Travaux d'utilité collective, travaux d'intérêt général, contrats emploi-solidarité, emplois verts, aujourd'hui contrats initiative-emploi, les formules ont changé. Chaque fois, l'Office a répondu présent en employant ou en encadrant plusieurs milliers de jeunes. De même, l'ONF continue d'accueillir des objecteurs de conscience et contribue à mettre en place le service national vert.

TRAVAILLER AVEC LE MONDE ASSOCIATIF

Les relations de l'ONF avec le milieu associatif se sont développées. Relais des demandes sociales, les associations apportent aussi des compétences certaines. Associations des amis des forêts du Bassin parisien, associations représentant les cavaliers sont des exemples déjà anciens d'un bon travail en commun. Exemples plus récents, les conventions avec la Fédération française des sports populaires (1994), avec la Fédération française de la randonnée pédestre (1995), avec la Ligue de protection des oiseaux (1994). D'autres conventions sont en cours d'élaboration : l'avenir est à construire à travers de multiples partenariats.

EXPLIQUER

Dans notre monde de plus en plus urbain, donc de moins en moins familier de la nature, expliquer la forêt et le travail des forestiers est un devoir pour l'ONF : il est légitime que nos concitoyens nous demandent des comptes. Nous devons donc expliquer au public notre action au service des forêts. La politique de communication de l'ONF, à partir de 1991, s'est développée. De plus en plus, le forestier se fait pédagogue.

Jean-Luc Dumontet

«Jusqu'en 1992, j'étais éleveur de bétail en Saône-et-Loire, mais j'ai dû cesser mon activité. J'ai eu l'opportunité de faire un contrat emploi-solidarité avec l'ONF. Ce travail me plait car je suis dans la nature, et c'est vraiment un milieu que j'affectionne. Nous travaillons en équipe de six, encadrés par un chef d'équipe qui est ouvrier. Actuellement notre travail consiste à élaguer et nettoyer le cours d'un ruisseau. L'inconvénient est d'avoir un emploi limité à six mois et à vingt heures par semaine. J'ai une semaine sur deux d'inactivité, un revenu plus que modeste à la fin du mois et que ferai-je au bout de six mois ? Mon vœu le plus cher serait de pouvoir être embauché comme ouvrier forestier à l'ONF.» ●

Employé par contrat emploi-solidarité à Grenoble (Rhône-Alpes)

Nouveau mobilier bois posé par une équipe en contrat emploi-solidarité

Prestations pour l'environnement sur la Loire, assurées par une équipe en contrat emploi-solidarité

Gilles Cheylan

«Avec l'ONF, nous avons réalisé des opérations de restauration de zones agricoles abandonnées et des débroussaillements à vocation pastorale dans le secteur du petit Lubéron. Là habite le dernier couple d'aigles de Bonelli du département du Vaucluse. Cette action a permis de jeter les bases d'une coopération efficace entre l'ONF et une association de protection de la nature. Cette coopération se poursuit sur d'autres sites habités par l'espèce, et s'est étendue à d'autres espèces, pour lesquelles le maintien d'espaces ouverts est vital, comme la tortue de Hermann dans le Var, la vipère d'Orsini dans le Vaucluse et les Alpes de Haute-Provence.» ●

Conservatoire études des écosystèmes de Provence Alpes du Sud

Mettre en scène la forêt

Philippe Kauffmann
Scénographe

Après la mécanique, l'espace, la Syrie, Byzance, la deuxième guerre mondiale ou l'Exposition universelle, l'aéronautique ou la Tunisie, voilà, pour moi, un thème nouveau à traiter, la forêt. Mais quel thème ! Une exposition sur la forêt !

Des thèmes, bien sûr, il y en a des centaines. Tous intéressants, évidemment, mais tous ne sont pas chargés de la même émotion. Tous ne sont pas portés par une réalité, par une culture toute entière, une histoire, un passé, un présent, un avenir, et surtout par des hommes, ou plutôt par l'homme. Chaque fois, pour moi, il s'agit d'une plongée dans un monde nouveau, dans lequel nous nous mettons à l'écoute, pour lequel nous tendons nos oreilles et notre esprit, jusqu'à les transformer en peau de tambour, prêt à vibrer aux informations fournies par nos interlocuteurs. Il faut pour nous, dans le même temps, apprendre, installer un dialogue pour lequel nous devons être à la hauteur et surtout mettre en évidence les données essentielles.

Si, dans un premier temps, le scénographe peut être à la fois psychanalyste, chambre d'écho, plaque sensible, résonateur, révélateur... il ne peut être un simple réceptacle dont le rôle serait d'accumuler les informations puis de les mettre proprement en forme. Il faut aussi les trier, les sélectionner, car tout ne peut être dit, il faut hiérarchiser. Ce qui ne se fait pas toujours sans douleur.

Mais un scénographe n'est pas neutre ; il ne peut pas, il ne doit pas l'être. Car s'il est nécessaire de traduire, il s'agit aussi d'exprimer, de mettre en forme, et donc de trouver le moyen de ressentir, et puis de sentir une certitude de son propre sentiment et, seulement alors, illustrer ce qui doit être la synthèse de cette aventure par un projet qui parfois surprend, quelquefois dérange, souvent déroute, en tout cas étonne, mais qui avant tout doit convaincre et recueillir l'enthousiasme.

Lorsque le projet m'a été proposé d'imaginer une mise en scène traitant de la forêt, je ne savais pas encore dans quel univers j'allais pénétrer, ni même son immensité et encore moins ce que j'allais y découvrir.

Une exposition sur la forêt...! Et pas sur n'importe quelle forêt, toutes les forêts du monde...!

Non seulement le sujet était vaste, le mot n'est pas trop fort, mais la forêt n'est pas n'importe qui. Elle est là et bien là. Présente, vivante, mal connue mais bien vivante. Elle n'est pas de ces civilisations disparues dont quelques objets tentent, grâce à l'aide des historiens, de nous retracer l'histoire, et de nous faire parvenir une émotion de ces temps lointains. Une exposition sur la forêt...! Pourtant il suffit de faire quelques kilomètres en sortant de la ville, parfois même dans la ville et on est dedans.

Alors, évidemment cela n'a pas de sens de transplanter un morceau de forêt dans un espace clos en milieu urbain. Y arriverait-on seulement ? Et puis l'exposition ne doit-elle pas servir à mieux comprendre, à mieux regarder, et donc à se rendre dans la forêt ? Mais il est tout aussi inconcevable de tenter une imitation de la forêt, une mauvaise reproduction. Car, une fois de plus, c'est là-bas qu'elle se trouve.

Une exposition sur la forêt...! mais il n'y a que des arbres à voir...!
Des arbres, des arbres encore des arbres... Et s'il y avait autre chose derrière ces arbres : des hommes, une histoire, des histoires, des guerres, des amours, des peurs, des fantasmes, du commerce, des paysages, une production, des objets, de l'imaginaire, des enfants perdus, des loups, des petites bêtes, des chercheurs, des outils, des charbonniers, des contes, des petits cailloux, des forestiers, des espaces vierges, des poètes, des instruments de musique, des traditions, de la nourriture, des croyances et des mythes, des études, des différences entre chaque forêt, des peuplades et des cultures différentes, des incendies catastrophiques et des feux nécessaires, des espèces cultivées et d'autres en voie de disparition mais pas toujours celles que l'on croit, des espèces encore inconnues, des forêts tempérées dont les plus riches ne sont pas en France, des forêts qui diminuent et d'autres qui grossissent, des vttistes, des parcelles qui ont une histoire, du papier fait de bois de taillis, des canopées, des pluies acides, des bûcherons, du chauffage qui n'est plus au bois, des régions arides dans lesquelles, pendant mille ans, la civilisation a rasé la forêt, des druides, une forêt boréale, des arbres plantés par des hommes pour leurs arrière-arrière-arrière-petits-enfants, un matériau formidable, un système complexe, des hommes qui ont besoin de la forêt pour vivre, des hommes qui détruisent la forêt pour vivre...

Une exposition sur la forêt... Mais alors, quand nous allons en forêt, en plus de la humer, de la regarder, de l'écouter et que je ne peux montrer, c'est tout cela que nous pouvons voir et qui se cache derrière chaque arbre. Alors, c'est cela que je dois montrer. Montrer ce que la forêt ne montre pas si l'on n'y prête pas attention. Aider à regarder au-delà du premier regard. A comprendre que depuis que l'homme et la forêt ont décidé de se fréquenter, ils ne se sont plus quittés, pour le bien ou pour le moins bon, qu'il s'agit d'un mariage de raison et qu'il doit rester un mariage d'intelligence.

Alors, cette exposition sera une forêt. Mais une forêt qui n'imite pas la vraie. Une forêt née d'un regard d'homme et qui parle à d'autres hommes. Une forêt de tout cela, dans laquelle on peut quand même se perdre, dans laquelle on fait le tour du monde pour comprendre qu'il n'y a pas que nous au monde, dans laquelle, il y a comme dans la vraie, tellement de choses que chacun peut y trouver son compte et tout le monde peut y revenir. ●

ANNEXE

Légendes complémentaires

Plat 1 et 4 : écorce de hêtre (P. Lacroix)
13. feuilles d'érable (P. Lacroix)
17. bois d'Aglans, forêt communale de Besançon (P. Lacroix)
21. stockage de glands (C. Pichard)
23h, d, g, b. biches, cerf au brâme, biche, faon, domaine de Chambord (F. Forget)
34 et 35. forêt domaniale de Compiègne (J.-P. Chasseau)
34. portraits de forestiers :
hd Yves Oudet (A. André),
hg Annie Moisset (A. André),
cd Dominique Thierry (C. Pichard), **bg** François Chenal (A. André), **bd** Pierre-Antoine Rocca Serra (S. Pennequin)
35. portraits de forestiers :
hg Jean-François Dournel (A. Blumet), **hd** Jean-Claude Guillain (C. Pichard),
cg Henri Fosse (C. Pichard),
bd Michel Thierry (C. Pichard)
36. Lac des Rousses, Jura (P. Lacroix)
51. forêt domaniale de Sénart (J.-P. Chasseau)
56-57. Grand-Combe Chateleu, Doubs (P. Lacroix)
63. forêt communale de Blumeray, Haute-Marne (B. Furme)
71. grumes de sapins, forêt domaniale de Levier, Doubs (P. Lacroix)
79. épicéas de résonance, forêt communale La Cluze et Mijoux, Doubs (P. Lacroix)
82 et 83. forêt domaniale de Fontainebleau, route de Sens (J.-P. Chasseau)
86 et 87. José Gamarra, «Remember» 1917 (L. Bessol, MNHN)
86h. poteaux funéraires Tiwi, Australie (L. Bessol, MNHN)
86b. sculpture fougère de Vuanatu, masque Lega, Côte-d'Ivoire (L. Bessol, MNHN)
87h. portes de grenier, fin XIXe (C. Lemzaouda, MNHN)
87b. Max Ernst, «la dernière forêt» 1960-1970 (L. Bessol, MNHN)

Points de vue : photographies et recueil des propos

Bruno Derouane (J. Allais)

Rémi Metz, Claude Weber, Maurice Gérardin, Jean-Pierre Barbier, Michel Denuit, Daniel Depierre, Marie Brunet, Pierre Dardaine, André Claude, Jacques Froment (A. André)

Jean-Michel Guillet, Murièle Perron, Corinne Talon, Jean-Paul Leroux, Bertrand Duport, Christian Laporte, Muriel de Mortemart, Emmanuel Michau, Edouard Véron (P. Barré)

Bruno Robert, Jean Casorati, Jacques Valeix, Bernard Fischesser, Jean-Luc Rouquet, Dominique Delorme, Gérard Bottolier-Curtet, Pierre Cammalletti, Francine Dosseh, Jean-Luc Dumontet, Gilles Cheylan (A. Blumet)

Christian Gardette, Chantal Montin (M. Chapuis)

Ahmed Boughellala, Jacques Blanc, Alain Maurette (F. Choux)

Francis Couvet, Jean-Marc Gasperi, Pierre-Pascal Perraud (C. Pichard)

Brigitte Pilard-Landeau (D. Ribouleau, D. Thierry)

"J'aurais été garde forestier" - Claudio Abbado, propos recueillis par Charles Dereix, Véronique Joucla, 19 oct. 1995

Crédit photographique

8. J.-P. Chasseau
10. J.-P. Chasseau
11. C. Pichard
12c. B. Vannière
12b. A. Blumet
13. A. Blumet
14. P. Lacroix
15. P. Lacroix
16h. A. Blumet
16bg. J.P. Chasseau
16bd. Y. Bancillon
17. P. Lacroix
18. P. Lacroix
19. S. Preney
20c. Jultier
20cd. P. Lacroix
20b. J.C. Français
21. C. Pichard
22. P. Lacroix
23. F. Forget
24(1). A. Blumet
24(2). A. Blumet
24(3). J.-P. Chasseau
24(4). C. Pichard
24(5). P. Lacroix
24(6). J. Gourier
24(7). C. Pichard
25(8). P. Lacroix
25(9). C. Pichard
25(10). G. Granereau
25(11). A. Alain
25(12). SD Landes
25(13). J.-P. Chasseau
26. A. Marchal
26(1,2). ONF
28. ONF Corse
29h, b. R. Lafouge
30. J.-P. Mangin
31. SD. Loiret
32. archives ONF
36. P. Lacroix
38. A. Blumet
39bg. Gaillard
39bd. ONF, Var
40h. P. Lacroix
40bg. R. Lafouge
40bd. J.-F. Guegen
41hg. Tostain
41hd. ONF
41bg. P. Perraud
41bd. R. Lafouge
42. J.-P. Malafosse
43bg. J.-P. Guichard
43bd. A. Blumet
44. P. Cadiran
45bg. J.-P. Chasseau
45bd. P. Lacroix
46. P. Lacroix
47bg. A. Blumet
47. J. Gourier
48. P. Breman
49hg. P. Lacroix
49bg. BE Lille
49bd. C. Van Meer
50hg. P. Breman
50bg. J.-P. Chasseau
50bd. C. Baroche
52. ONF
53. A. Blumet
54cg, hd, b. A. Blumet
55. J.-P. Chasseau
58. G. André
60. E. Lacombe
61. A. André
62. P. Breman
64. P. Lacroix
65. S. Aubepart
66h. J. Allais
66b. Schneider
67h. V. Kulesza
67b. C. Briand
68hg. J. Gourier
68hd. A. Blumet
68c. C. Pichard
68b. P. Lacroix
69bg, bd. A. Blumet
72. E. Ulrich
73bg. E. Ulrich
73bd. E. Ulrich
75. P. Lacroix
76. N. Perthuisot
77. M. Clausse
78h. J.-P. Desruelles
78b. P. Sigaud
80. V. Kulesza
81. J.-P. Chasseau
84. A. Blumet
85bg. L. Valiergue
85bd. M. de Galbert

Comité de rédaction

Jean Casorati
Charles Dereix
Jean-Claude Gachet
Véronique Joucla
Roger Lafouge
Georges Perrotte
Jean-François Rousseau
Bernard Vannière

Appui à la rédaction des articles

Jean-Marie Ballu
Jean-Claude Charry
Guy Chauvin
Michel Hermeline
Philippe Puydarrieux
Bernard Rey
Laurent Rivière
Bernard Roman-Amat
Olivier Weill-Hébert

Appui à la rédaction des indicateurs

Sylvie Alvarez
Philippe Baudry
Robert de Garidel-Thoron
Yves Godey
Gérard Gozlan
Yves Honoré
Albert Villaeys

Remerciements à toutes les personnes et à tous les services qui ont contribué à recenser les différents événements ayant marqué l'ONF ces trente dernières années.

Recherche iconographique coordonnée par J.-P. Mangin (service EMC)

Tous droits réservés pour tout pays
Dépôt légal juin 1996

Ce numéro d'*Arborescences* est un numéro spécial - numéro double (N° 61 – N° 62, mars-avril/mai-juin 1996)

Achevé d'imprimer en mai 1996 sur les presses de Contact Habillages à Beaune

CHROMATIQUES éditions, Paris

ISBN : 2 84207-027 5